D. T. Suzuki

SHUNYATA – Die Fülle in der Leere

DAISETZ TEITARO SUZUKI

SHUNYATA

Die Fülle in der Leere

Essays über den Geist des Zen
in Kunst, Kultur und
Religion des Fernen Ostens

Mit einem Gesamtregister
der «Essays in Zen Buddhism»

OTTO WILHELM BARTH VERLAG

Essays in Zen Buddhism, Second & Third Series

1. Auflage 1991
Einzig berechtigte Übersetzung aus dem Englischen von Jochen Eggert.
Titel des Originals: «Essays in Zen Buddhism,
Second Series and Third Series».

INHALT

PASSIVITÄT IM BUDDHISTISCHEN LEBEN

Dein Weg, o Herr, nicht meiner,
wie dunkel er auch sei;
führe mich an Deiner Hand,
bestimme den Pfad für mich.
Laß glatt ihn sein oder beschwerlich,
es wird der beste doch sein;
gewunden oder gerade, er führt
ohne Umweg in Deinen Frieden.
Wähle Du für mich die Freunde,
Gebrechen oder Wohlergehen;
wähle Du für mich meine Sorgen,
meine Armut und meinen Reichtum.
Nicht mir obliegt die Wahl
in Dingen groß und klein;
sei Du mein Führer, meine Stärke,
meine Weisheit und mein Alles.

Horatius Bonar (1808–1889)

Was in Bonars Versen so deutlich zum Ausdruck kommt, die Erfahrung der Passivität im religiösen Bereich, ist eine universale und ganz natürliche Empfindung. Das religiöse Bewußtsein, allgemein gesagt, besteht ja darin, auf der einen Seite die Hilflosigkeit eines endlichen Wesens und auf der anderen die Verläßlichkeit von einem Unendlichen zu erkennen. Die endliche Seite unseres Seins mag aufbegehren und sagen: «Warum hast du mich verlassen?», doch in diesem Aufbegehren ist keine religiöse Erfahrung, sind wir noch nicht gerettet. Die Erlösung kommt erst, wenn wir sagen können: «Vater, in deine Hände befehle ich meinen Geist», oder «Herr, wenngleich du mich tötest, so baue ich doch auf dich.»

Diese Selbstergebung ist es, was hier mit Passivität gemeint ist – die Bereitschaft, sich in einer Welt endlicher Wesen einem höheren Willen zu beugen. Dies ist die ureigene Haltung eines religiösen Geistes gegenüber der Welt; und wir wissen, daß alle religiöse Erfahrung eng mit diesem Gefühl der Passivität verknüpft ist. Wir wollen in diesem Essay betrachten, wie dieses Gefühl seinen Einfluß geltend macht und in welchen Formen es im buddhistischen Leben zum Ausdruck kommt.

DIE KARMA-LEHRE

Auf den ersten Blick scheint Passivität unvereinbar zu sein mit der intellektuellen Grundhaltung des Buddhismus, vor allem des Zen, denn hier gilt das Prinzip, daß man sich nur auf sich selbst verlassen soll. So heißt es etwa im *Lankāvatāra-Sūtra*: «Der Bodhisattva-Mahāsattva, indem er sich ganz für sich allein zurückzieht, soll sich allein aufgrund der ihm selbst innewohnenden Intelligenz der inneren Betrachtung widmen und sich auf niemanden sonst verlassen.»* Und im *Dhammapada* lesen wir:

> Vom Ich allein wird Böses getan,
> durch das Ich allein fällt man in Schande;
> vom Ich wird das Böse wiedergutgemacht,
> durch das Ich allein wird man geläutert.
> Reinheit und Unreinheit liegen bei einem jeden selbst,
> niemand kann einen anderen läutern.**

Im übrigen weisen die Grundlehren des Buddhismus – die Vier Edlen Wahrheiten, die Zwölfgliedrige Kette des Entstehens und der Edle Achtfache Pfad – alle in Richtung Erleuch-

* *The Lankāvatāra-Sūtra*, übers. v. D. T. Suzuki, London 1932, S. 115.
** *Dhammapada*, übers. v. A. J. Edmunds, S. 165.

tung und Befreiung und stellen den Menschen keineswegs als den absolut abhängigen Empfänger von Gnaden dar. «Mit eigenen Augen sehen und Befreiung finden» – das ist das Motto des Buddhismus, und für passives Empfangen scheint hier kein Raum zu sein, denn dazu würde gehören, daß man ein Gefäß für eine äußere Macht zu werden bestrebt ist.

Dem passiven Empfangen steht im Buddhismus vor allem die Karma-Lehre im Weg. Diese Lehre ist wie Kette und Schuß in das Gewebe des indischen Denkens eingearbeitet, und so ist auch der Buddhismus, von diesem indischen Geist hervorgebracht, davon durchdrungen. Die Jātakas, die von den früheren Leben des Buddha als Bodhisattva erzählen und zeigen, wie er sich schulte, um schließlich vollkommene Erleuchtung zu erlangen, sind eigentlich nichts anderes als die konkretisierte und am Werdegang eines Vollendeten bildhaft deutlich gemachte Karma-Idee. Shākyamuni konnte erst dann ein Buddha werden, als er durch zahllose verschiedenartige Inkarnationen einen Vorrat an Verdienst (*kushalamūla*) angesammelt hatte.

«Was ein Mensch sät, das wird er ernten» – so lautet das Karma-Prinzip, von dem das ganze Leben eines Buddhisten bestimmt ist. Das Karma eines Menschen ist das, was eigentlich seine Individualität ausmacht. So lesen wir im *Milindapañha*: «Alle Wesen haben ihr Karma als ihren Teil, sie sind die Erben ihres Karma, sie entspringen ihrem Karma, ihr Karma ist ihre Zuflucht, und Karma bestimmt ihnen Niedrigkeit oder Größe.»* Und im *Samyutta-Nikāya*:

> Seine guten Taten und seine Bosheit,
> was auch immer ein Sterblicher tut, während er hier ist –
> das ist, was er sein eigen nennen kann,
> das nimmt er mit, wenn er dahingeht,

* Zitiert nach Henry C. Warren: *Buddhism in Translations*, Harvard 1896, S. 255.

das folgt ihm nach
und löst sich wie ein Schatten nie von ihm.*

Gemäß dem *Visuddhimagga* (Kapitel XIX) lassen sich für Karma etliche Kategorien angeben, je nachdem, wann es sich erfüllt und von welcher Art es ist: 1. Karma, das sich in der gegenwärtigen Existenz erfüllt; Karma, das sich in einer späteren Inkarnation erfüllt; Karma, das sich zu keiner festgelegten Zeit erfüllt; und vergangenes Karma. 2. Das gewichtige, das im Übermaß vorhandene, das nahe und das gewohnheitsmäßige Karma. 3. Das produktive, das hilfreiche, das widrige und das destruktive Karma.** Es besteht also ein ununterbrochener Karma- und Erfüllungs-Kreislauf. Doch wer ist der Träger des Karma und seiner Erfüllung?

Kein Täter ist da, der die Tat beginge,
noch ist da einer, der die Frucht empfände;
nur Daseinsfaktoren bestehen und spinnen sich fort,
und dies allein ist die rechte Anschauung.

So spinnen Tat und Frucht
sich fort und fort von ihrem Grunde her,
und wie im steten Wechsel von Baum und Same
weiß niemand zu sagen, wann sie begannen.

Nicht in ihrer Frucht ist die Tat zu finden,
noch ist die Frucht zu finden in der Tat;
das eine ist nicht im anderen,
und doch ist keine Frucht ohne eine Tat,

so wie man auch keinen Vorrat an Feuer findet
in Juwelen, Kuhdung oder der Sonne,

* Ebenda, S. 214.
** Ebenda, S. 245 ff.

und es doch nicht getrennt davon ist
und ohne Brennstoff kein Feuer sein kann.

So können wir denn nicht schon in der Tat
die Frucht der Vergeltung gewahren;
doch auch nicht irgendwo außerhalb.
So ist auch in der Frucht die Tat nicht zu finden.

Taten bestehen getrennt von ihren Früchten
und Früchte getrennt von den Taten;
jedoch als Folge aus der Tat
kommt die Frucht ins Sein.

Kein Gott des Himmels oder der Brahma-Welt
ist Ursache des endlosen Kreislaufs der Geburten;
Daseinsfaktoren allein spinnen sich fort,
einer Ursache und der Materie entsprungen.*

Das Karma-Prinzip wirkt, wie diese Zitate zeigen, offenbar ganz unpersönlich und ist vielleicht überhaupt gleichgültig gegenüber jedermann, ob er nun Gutes oder Schlechtes getan hat. Da ist niemand, der die Taten begeht, und niemand, der die Folgen erleidet. Die fünf Anhäufungen oder Zusammenballungen (*skandhas*) von Daseinsfaktoren werden nach dem unausweichlichen Karma-Gesetz gebildet und aufgelöst, doch solange kein personenhaftes Wirkprinzip hinter all dem steht, kein Ich, das den Wert des Karma empfindet, scheint es ziemlich unerheblich zu sein, welche Taten begangen und welche Früchte damit hervorgebracht werden. Dennoch erhält ein Buddhist den Rat, nicht schlecht zu handeln:

Möge ein Mensch, der schlecht handelt,
es nicht wiederholen

* Ebenda, S. 248 f.

und nicht seine Lust darin suchen –
Schmerz erwächst aus dem Ansammeln des Falschen.*

Woher Schmerz? Woher Lust? Die hinayanistischen Argumente sind zwar von logischer Schlüssigkeit, doch wo es um praktische Psychologie geht, führen bloße Überlegungen nicht weit. Ist das Fühlen nicht doch etwas Realeres als eine bloße Bündelung der fünf Aggregatzustände? Mir scheint, daß die Kombination – also die Einheit – mehr ist als das Kombinieren. Doch lassen wir das auf sich beruhen, denn hier ist nicht der Ort für eine ausführliche Erörterung der Karma-Lehre. Ein weiteres Zitat mag genügen, diesmal aus Nāgārjunas *Mūlamadhyamakakārikās* (Kapitel XVII), wo die Karma-Lehre in einem anderen Gewand erscheint**.

> Alle Lebewesen werden gemäß ihres Karma geboren: Gute Menschen werden in den Himmeln geboren, schlechte in den Höllen, und jene, die den Pfad der Rechtschaffenheit üben, verwirklichen Nirvāna. Indem ein Mensch sich in den sechs Tugenden der Vervollkommenung übt, wird er fähig, auf vielfältige Weise zum Wohle anderer zu wirken, und dies wird ihm gewiß zum Segen gereichen, nicht nur in diesem, sondern auch im nächsten Leben. Karma kann von zweierlei Art sein: inneres oder geistiges, auch Chetana genannt, und körperliches, das in Rede und physischem Tun zum Ausdruck kommt. Dies bezeichnet man als Karma «das einer Absicht entspringt» (*chetayitvā*).
> Man kann auch sagen, Karma sei mit oder ohne «Hinweis» (*vijñapti*). An einer Handlung mit Hinweis ist für andere die Absicht zu erkennen, während eine Handlung ohne

* *Dhammapada*, S. 117.

** Herausgegeben von Louis de la Vallée Poussin, S. 302 ff. Ich gebe die Passage hier in geraffter Form wieder. Eine detailliertere Darstellung der Karma-Theorie findet sich im *Abhidharmakosha* (vom selben Autor übersetzt), Kapitel IV.

Hinweis überhaupt nicht in äußerem Tun zum Ausdruck kommt. Es heißt weiterhin: Eine starke Handlung mit Hinweis erweckt im Geist des Handelnden die Neigung zu weiteren guten oder bösen Handlungen der gleichen Art. Es ist wie mit einem Samen, aus dem vermöge des Prinzips der Kontinuität eine junge Pflanze sprießt und dann Frucht trägt. Ohne den Samen ist keine Kontinuität, und durch die Kontinuität kommt es zum Fruchttragen. Zuerst kommt der Same, dann die Frucht; zwischen ihnen gibt es weder einen Bruch noch ein Gleichbleiben. Vom Erwachen eines ersten Beweggrundes an bildet das geistige Geschehen eine ununterbrochene Folge, und daraus ergibt sich das Reifen der Frucht. Ohne die erste Regung des Geistes entsteht kein Gedankenstrom, der in Handlungen zum Ausdruck kommt. Es besteht also eine Kontinuität von Karma und Frucht. Wenn also die zehn Taten der Güte und Reinheit geübt werden, so wird der Handelnde gewiß in diesem Leben Glück erfahren und nach dem Tode bei den Himmelswesen geboren.

Es gibt etwas im Karma, das nie verlorengeht, auch nach dem Handeln nicht. Dieses etwas, «unverlierbar» oder «unzerstörbar» (*avipranāsha*) genannt, ist wie ein Vertragsschluß, und Karma, das Handeln, ist Schulden vergleichbar. Man mag verbrauchen, was man geborgt hat, doch es existiert ein Dokument, aufgrund dessen man seine Schuld eines Tages dem Gläubiger zurückzahlen muß. Dieses «Unverlierbare» bleibt stets übrig, auch nach dem Handeln, und wird auch von philosophischer Intuition (*darshanamārga*) nicht aufgehoben. Karma, das auf diese Weise zerstört werden kann, wird niemals ausreifen. Das einzige, was diesem «Unverlierbaren» entgegenwirken kann, ist moralische Disziplin (*bhāvanamārga*). Jede Tat, sobald sie begangen ist, wirkt ihre Folgen vermöge dieses Unverlierbaren, bis ihm entweder durch das Erlangen der Arhatschaft oder den Tod Einhalt geboten wird oder bis es endlich seine Frucht getragen hat. Dieses Karma-Gesetz gilt für gute ebenso wie für böse Taten.

Nāgārjuna möchte offenbar alle Vorstellungen von «Täter», »Tat» und «Erleiden» – mithin die gesamte Struktur der Karma-Theorie – zunichte machen, und die von ihm eingeführte Idee des «Unverlierbaren» ist aufschlußreich und voller Anregungen. Doch alles in allem bleibt in der Lehre der karmischen Kontinuität vieles unklar, vor allem wenn es um eine genaue Beschreibung ihres praktischen Ablaufs geht. Zudem können wir nicht einmal sicher sein, ob diese Lehre auch nur theoretisch haltbar ist. Ganz allgemein läßt sich jedoch sagen, daß die Karma-Lehre die individuelle Freiheit und die moralische Verantwortlichkeit betont und ein Gefühl der Eigenständigkeit mit sich bringt. Zudem macht sie das Postulat eines Gottes oder Schöpfers überflüssig, eines höchsten Richters, der über Gut und Böse des menschlichen Handelns urteilt.

Dies vorausgesetzt, muß die buddhistische Überzeugung, daß alles Leben Leiden ist, notwendig zu einer systematischen Lehre der Selbstdisziplin, der Selbstläuterung und der Selbsterleuchtung führen, in der das moralische Schwerkraftzentrum stets im Ich liegt und nicht bei irgendeiner äußeren Größe. Dies ist die Anwendung des Karma-Prinzips auf die Verwirklichung von Nirvāna. Doch was ist dieses «Ich», und was ist dieses Etwas, das nie verlorengeht im Karma, in innerlich oder äußerlich begangenen Taten? Worin besteht die Beziehung zwischen dem «Ich» und dem «Unverlierbaren», und wo hat das «Unverlierbare» überhaupt seinen Ort?

Zwischen der buddhistischen Lehre von der Substanzlosigkeit des Ego und dem Postulat eines «Unverlierbaren» im Karma-Strom, aufgrund dessen das Karma Frucht tragen kann, besteht eine Kluft, die irgendwie geschlossen werden muß, wenn die buddhistische Philosophie sich weiterentwikkeln soll. Mir scheint, dir Vorstellung des Ālaya-Vijñāna (der «Allbewahrenden Seele»), worin alle karmischen Samen gespeichert sind, war eine unausweichliche Folge. Betrachten wir aber zunächst, was eigentlich mit «Ich» gemeint ist.

DER BEGRIFF DES ICH

«Ich» – das ist eine sehr komplexe und schwer faßliche Idee, und wenn wir sagen, man sei «selbst» verantwortlich für das, was man tut, wissen wir eigentlich nicht recht, wie weit dieses «selbst» reicht und was es alles einschließt. Die einzelnen Menschen sind – nicht nur im Laufe eines gemeinsamen Lebens, sondern im Dasein überhaupt – so eng miteinander verbunden, daß es im strengen Sinne gar keine «einzelnen» gibt.

Im Denken sondern wir ein Individuum vom anderen, und auch in der Wirklichkeit scheinen wir jeder für sich und gesondert zu existieren. Doch bei näherer Betrachtung erweist sich Individualität als Fiktion, denn wir können keine exakten Grenzen ziehen, wir kennen die Ausdehnung der Individualität nicht und wissen nicht, wo sie aufhört; die sogenannten Individuen gehen irgendwie ineinander über und sind nicht durch feste Grenzmarkierungen gegeneinander abgesetzt. Das Bild zeigt durchgängig eine wechselseitige Bezogenheit, und wir sagen wohl richtiger, daß Individuen im Grunde gar nicht existieren; sie sind nur lauter Bezugspunkte, deren Sinn nicht mehr zu erkennen ist, wenn wir jeden für sich und vom Rest gesondert betrachten.

Individuen sind als solche nur zu erkennen, wenn sie in Beziehung zu etwas Nicht-Individuellem betrachtet werden; sie sind – paradox formuliert – nur Individuen, solange sie nicht Individuen sind. Löst man nämlich ein individuelles Wesen als einzelnes heraus, hört es augenblicklich auf, Individuum zu sein. Das «individuelle Ich» ist eine Illusion.

Das Ich besitzt also kein absolutes, unabhängiges Sein. Moralische Verantwortung scheint eine Art intellektueller

Notbehelf zu sein. Kann man dem Räuber wirklich Verantwortung für seine Taten zuschreiben? Kann man diesen einzelnen wirklich aussondern als einen, der die Folgen seines unsozialen Handelns zu tragen hat? Kann man ihn wirklich verantwortlich machen für all das, was ihn zu dem gemacht hat, was er ist? Hat er seine «Selbst-Natur» (*svabhāva*) ganz und gar selbst gestaltet? Hier sehen wir die Schwierigkeit, die in der Frage liegt: «Inwieweit kann der einzelne für sein Handeln zur Verantwortung gezogen werden?» Oder anders gefragt: «Inwieweit ist ‹er› überhaupt herauszulösen aus der Gemeinschaft, der er als Bestandteil angehört?» Wird nicht die Gesellschaft in ihm widergespiegelt? Ist er nicht eines der Produkte der Gesellschaft?

Es gibt keine Verbrecher, keine sündigen Seelen im Reinen Land, und nicht in erster Linie deswegen, weil dort keine geboren werden, sondern weil alle, die dort geboren werden, durch die im Reinen Land herrschende Atmosphäre Läuterung erfahren. Natürlich ist die Umwelt nicht alles, aber gerade das soziale Umfeld hat gewiß viel mit der Formung des individuellen Charakters zu tun. Wo sollen wir also ansetzen, um der wirklichen Bedeutung der Karma-Lehre auf die Spur zu kommen?

Der Intellekt wünscht sich etwas klar Umrissenes, woran eine Tat und ihr «Unverlierbares» festgemacht werden können, und Karma soll gleichsam mathematisch beschreibbar werden anhand der Größen «Urheber», «Täter», «Leidender» und so weiter. Wenn es aber im Grunde keine Individuen gibt und Karma keine exakt definierbare Ursache oder Herkunft hat – was wird dann aus der Karma-Lehre, wie sie von Buddhisten vertreten wird? Sichtbar und definierbar ist die Tat, sei sie gut oder schlecht oder indifferent: Einer stößt mit dem Dolch zu, und einer liegt erstochen da. Und dann sollen wir sagen, es gebe eigentlich keinen Mörder, keinen Mord und keinen Ermordeten? Was würde dann aus dem, was wir moralische Verantwortung nennen? Und wie soll es dann so etwas wie das Ansammeln von Verdienst oder das Erlangen der Erleuchtung geben? Wer, so müßten wir letztlich fragen, ist ein Buddha und wer ein unwissender, verblendeter Sterblicher?

Wenn ein Mord geschehen ist, können wir dann sagen, daß die Gesellschaft, ja im Grunde das ganze Universum dafür verantwortlich ist? Sind alle Ursachen und Bedingungen, die dazu geführt haben, aber auch alle Folgen, die damit zusammenhängen mögen, auf das Universum zurückzuführen? Oder ist das Individuum ein letztes, absolutes Faktum, so daß alles, was von ihm ausgeht, ungeachtet seiner Beziehung zu anderen und zu seinem Umfeld zu ihm zurückkommt?

Im ersteren Fall verflüchtigt sich Verantwortung zu einer vagen und ungreifbaren Universalität. Im zweiten Fall kristallisiert das ungreifbare Ganze in einem Individuum, und dann gibt es zwar moralische Verantwortung, doch dann steht der einzelne völlig isoliert da, als wären wir alle Sandkörner, die nichts miteinander zu tun haben. Welche dieser beiden Positionen stimmt mehr mit der tatsächlichen menschlichen Erfahrung überein? Und wenn wir die Frage auf die buddhistische Karma-Lehre anwenden, so lautet sie: Ist Karma individualistisch oder kosmisch aufzufassen?

DIE KARMA-THEORIE IM MAHĀYĀNA-BUDDHISMUS

Geschichtlich gesehen, ging der Buddhismus von der individualistischen Deutung des Karma aus, und als er mit dem Mahāyāna den Höhepunkt seiner Entwicklung erreichte, erhielt die Karma-Lehre eine kosmische Interpretation. Dies geschah jedoch nicht in der abstrakten, philosophischen Weise, die wir im vorigen Abschnitt angedeutet haben, sondern gewann die Form eines konkreten und spirituellen Ansatzes:

Von einem Zentrum namens «mein Ich» her, wo ich empfinde, daß alle Sünde der Welt auf meinen Schultern lastet, breitet sich das Netz des Universums in Raum und Zeit aus. Um die Ordnung wiederherzustellen, fasse ich den Entschluß, mich einer moralischen und spirituellen Schulung zu unterziehen, die mich von allen Unreinheiten läutert und dadurch auch die Welt von aller Schuld befreit.

Das ist die Position des Mahāyāna. Man kann sogar sagen, der Unterschied zwischen Mahāyāna und Hīnayāna bestehe in der unterschiedlichen Auffassung des Karma-Begriffs. Im Mahāyāna erhielt der Begriff eine Ausrichtung auf das «andere» oder das «Ganze», und so entstand die Vorstellung der universalen Erlösung, während das Hīnayāna beim individuellen oder «Ich»-Aspekt des Karma blieb. Nach Auffassung der Hinayanisten wirkt das Karma ohne Ansehen der Person, in Wirklichkeit aber individualistisch, wie wir jetzt herausgearbeitet haben, und so mußte man sich dieses schmerz- und leidvollen Lebens durch Selbstdisziplin, Askese und Selbsterkenntnis entledigen. Niemand und nichts anderes kann den Leidenden aus seiner mißlichen Lage befreien. Der Buddha kann ihm lediglich den Ausweg zeigen, doch dann muß er diesen Weg selbst gehen, und selbst die Macht und Tugend eines Buddha kann ihn nicht geradeaus voranschreiten machen, wenn er es nicht aus eigenem Antrieb tut. «Seid euch selber Leuchte und Zuflucht» (*attadīpa-attasarana*), so lautet der Hinweis, den der Buddha seinen Hīnayāna-Schülern hinterließ, denn er konnte seinen hohen geistigen Entwicklungsstand weder an seine Schüler noch an irgendeinen Mitmenschen einfach weitergeben. Nach der generellen Einstellung der Hinayanisten war das auch gar nicht anders möglich:

> Nicht im Himmel
> noch inmitten des Ozeans
> noch in den Spalten des Gebirges

findet man auf Erden den Bereich,
wo man stehen und
von einer bösen Tat losgesprochen werden kann.*

Das Mahāyāna mochte es jedoch nicht bei dieser starren und begrenzten spirituellen Sicht bewenden lassen. Es wollte das Wirken von Karunā (Liebe, Erbarmen) so weit ausgedehnt wissen, wie es nur eben möglich war. Wenn Prajñā (Weisheit) das gesamte System aller Universen umfassen konnte, weshalb sollte es Karunā dann nicht möglich sein, sie alle unter ihre bergenden Fittiche zu nehmen? Das Trachten aller Buddhas nach dem spirituellen Wohlergehen aller Wesen – sollte man nicht annehmen, daß es tatsächlich auch in dieser Weise wirksam ist? Der Buddha erlangte seine Erleuchtung, nachdem er über zahllose Kalpas hin genügend Verdienst angesammelt hatte. Sollte sein Verdienst einzig und allein ihm selbst etwas genützt haben?

Karma muß einen kosmischen Sinn haben. Individuen sind nur insofern Individuen, als man sie in Verbindung miteinander und mit dem Ganzen, das sie bilden, betrachtet. Eine Welle, wenn sie sich einmal gebildet hat, wird zwangsläufig das ganze Gewässer erfassen. So ist es auch mit der moralischen Disziplin und spirituellen Verwirklichung des Buddha: Sie konnten in dem Gemeinschaftsleben, in das er einbezogen war, nicht einfach als isoliertes Ereignis auf ihn beschränkt bleiben. Daher sagt man, das ganze Universum habe, als er Erleuchtung fand, an seiner Weisheit und Tugend teilgehabt. Das Mahāyāna beruht auf dieser Sicht der Erleuchtung, und seine Lehre vom Tathāgatagarbha oder Ālaya-Vijñāna läßt die kosmische Deutung der Karma-Theorie sichtbar werden.

* *Dhammapada*, S. 127.

Im Hīnayāna war das Wirken des Karma-Gesetzes auf das individuelle Handeln beschränkt, und so war Selbstdisziplin das Mittel, mit dem man sich schützen konnte. Alles Leben war Leiden, und alles Leiden war die Folge früherer Missetaten – wer sich daraus befreien wollte, mußte entsprechende Gegenkräfte aufbieten. Hier ging alles geradezu «wissenschaftlich» seinen Gang, doch dann sahen die Mahayanisten im Karma etwas, das über diese individualistische Sicht hinausging und sich nicht länger in diesen engen Grenzen halten ließ, und so mußten sich bei ihnen Erlösungsvorstellungen entwikkeln, die den Individualismus der hinayanistischen Disziplin hinter sich ließen. Die «Kraft des eigenen Ich» war nicht mehr ausreichend für die kosmische Dimension des Karma, und auf diesem Ich als von der Gesamtheit aller Lebewesen gesondert zu beharren war offensichtlich nicht die richtige Anschauung.

Das Ich ist kein letztes Faktum, und wenn man mit dieser irrigen Ich-Vorstellung in seiner spirituellen Schulung fortfährt, wird man letztlich zu keinem erstrebenswerten Ziel kommen oder womöglich gar keine Früchte ernten. Etwas Neues erwachte nun im religiösen Bewußtsein der Buddhisten, das die Hinayanisten bis dahin nur ganz vage empfunden hatten: Mit der kosmischen Deutung des Karma entwickelte sich die Idee der Sünde.

«Sünde» bedeutet im Buddhismus Verblendung oder Nichtwissen, das Nichtwissen nämlich um die Bedeutung des Individuellen oder um Wesen und Bestimmung des Ich. Positiv formuliert, ist Sünde das Beharren auf der Vorstellung, das Ich sei wahre Selbstnatur (*svabhāva*), die letzte Instanz hinter allem Handeln, Denken und Sprechen. Hat ein Mensch diese beiden Hindernisse – Nichtwissen und das Haften am Ich – überwunden, so sagt man, er sei ohne Sünde. Wie man diese Hindernisse überschreitet, ist nun also die Frage der Mahayanisten.

Von Calderon stammt der Ausspruch, die größte Missetat des Menschen bestehe darin, überhaupt je geboren worden zu sein. Diese Worte treffen in der Tat den Kern der Sache, denn Sünde entsteht in dem Augenblick, da das Ich geboren wird und wir uns als von der Ganzheit des Seins getrennte Individuen erfahren. Nun können wir aber die Tatsache dieser Erfahrung nicht einfach leugnen oder rückgängig machen, und deshalb müssen wir ihre schlimmen Auswirkungen abfangen, indem wir uns entschlossen in eine andere Richtung wenden. Diese Wendung kann nur gelingen, wenn wir uns mit dem Kosmos insgesamt identifizieren, mit der Ganzheit des Existierenden, mit dem Buddha-Wesen (*Buddhatā*), in dem wir unser eigentliches Sein haben. Die Unausweichlichkeit der Sünde wird deshalb zu unserer Chance, uns einer höheren Ebene des Daseins zuzuwenden, wo andere Prinzipien als karmischer Individualismus und Ich-Verantwortung herrschen.

Solange Karma nur das individuelle Ich betrifft, sieht es noch nicht gar so schwierig aus, sich vor bösen karmischen Folgen des Handelns zu schützen; wirklich schwierig wird es erst, wenn man eben diesen Glauben an die Wirklichkeit der individuellen Seele und die von diesem Glauben ausgehenden Erlösungsbemühungen durch Selbstdisziplin und Selbsterleuchtung zur eigentlichen Sünde erklärt. Hier zeigt sich, daß die Mahayanisten weitaus mehr zu bewältigen haben als die Hinayanisten. Etwas Überindividuelles muß im Herzen des Mahayanisten wirksam werden. Dem sogenannten Ich muß etwas zur Seite stehen, was zu diesem Ich zwar in Beziehung steht, aber seine Begrenzungen transzendiert, denn sonst kann zwischen Ich und Nicht-Ich kein harmonisches und förderliches Wechselspiel entstehen.

In der Tat entstehen Sünde und damit Schmerz und Leid aus dem Fehlen dieser harmonischen Beziehung zwischen dem, was ich für «mein Ich» halte, und dem, was ich für «anderes» halte.

Als Buddhatā oder Dharmatā bezeichnen die Mahayanisten das, was nicht das Ich und doch im Ich ist. Dadurch kamen die Mahayanisten zum Bewußtsein der Sünde und zugleich zur Möglichkeit der Erleuchtung. Buddhatā ist die Essenz der Buddhaschaft, und ohne Buddhatā ist Buddhaschaft nicht zu erlangen. Betrachten wir den Buddha unpersönlich oder objektiv, so betrachten wir den Dharma, die «Große Ordnung», das Gesetz, die Wahrheit oder Wirklichkeit; und Dharmatā ist das, was den Dharma ausmacht. Dharmatā und Buddhatā sind im Grunde austauschbar, doch die Erfahrung der Mahayanisten wird eher unter dem Gesichtspunkt der Buddhatā beschrieben.

Wo der Begriff «Buddhatā» ins Spiel kommt, wird aus dem historischen Buddha ein transzendenter Buddha; er ist nun nicht mehr bloß der Muni (Edle) der Shākya, sondern eine Manifestation des ewigen Buddha, eine Inkarnation der Buddhatā, und insofern ist er nicht mehr ein einzelner Mensch mit seiner räumlichen und zeitlichen Begrenztheit, sondern sein Geist strahlt aus von ihm und hilft mit der ihm innewohnenden Kraft den anderen Lebewesen auf ihrem Weg und bei ihrer Entwicklung zur Buddhaschaft. Dies geschieht im Verhältnis zur Intensität ihres Verlangens und zur Aufrichtigkeit ihres Strebens nach dem Ziel. Das Ziel ist, von allen Sünden reingewaschen zu werden, und Sünde, die gesonderte Ichheit, besitzt zwei Aspekte: Glaube an die Substanzhaftigkeit und Endgültigkeit der Selbstnatur (*svabhāva*) und fehlendes Gewahrsein der Buddhanatur (*Buddhatā*) in einem selbst.

Das Freiwerden von Sünden setzt also einerseits die intellektuelle Einsicht voraus, daß es doch noch mehr gibt als dieses angenommene Ich, und andererseits den Willen, jenem anderen zu gehorchen, das dem Ich transzendent ist, aber durch das Ich wirkt.

Hierin liegt die Schwierigkeit der mahayanistischen Position: eingeschlossen sein in dem, was wir in unserem relativen Bewußtsein für das Ich halten, und doch darüber hinausgehen und etwas wollen, was diesem Ich nicht anzugehören scheint. Es ist beinah so, als setzten wir uns etwas Unmögliches zum Ziel, und doch, wenn wir es nicht erreichen, wird es keine Stille des Geistes, keinen Frieden der Seele geben. Sind wir in unserer religiösen Erfahrung erst einmal auf diese Frage gestoßen, so müssen wir sie irgendwie lösen. Aber wie erreichen wir das?

Sünde bedeutet im Buddhismus nicht, daß wir voller böser Impulse, Begierden und Neigungen sind, die uns selbst und andere in den Untergang treiben, wenn wir ihnen freien Lauf lassen. Wir müssen ein gutes Stück tiefer gehen und sehen, daß die Sünde schon darin besteht, unser Ichsein als ein letztes Faktum zu sehen und entsprechend zu handeln. Solange wir also sind, wie wir sind, gibt es keinen Ausweg aus der Sünde, und hier liegt eigentlich der Grund aller unserer spirituellen Nöte. Eben dies meinen die Shin-Buddhisten, wenn sie sagen, alle Werke, auch wenn sie nach herkömmlicher Anschauung als moralisch gelten können, seien verdorben, solange sie der «Kraft des eigenen Ich» entspringen und uns nicht aus den Fesseln des Karma befreien. Wenn wir Befreiung suchen, muß Buddhatā dem Ich zur Seite oder ganz an seine Stelle treten. Wenn Buddhatā immanent ist – und wir können sie uns gar nicht anders denken –, muß sie erweckt werden, damit sie ihr Werk für uns tun kann, die wir an der qualvollen Enge unseres eigenen Individualitätsdenkens leiden.

Wie die Geschichte der Religion vielfältig zeigt, wird Buddhatā in sterblichen und sündigen Wesen nicht aufgrund von Logik und rationalen Argumenten wach und wirksam. Wir können im Buddhismus durchaus eine starke intellektuelle Tendenz ausmachen, und doch lehrt er uns, unser Heil bei etwas ganz anderem zu suchen. Die wichtigsten Voraussetzungen sind: das tiefe Bewußtsein der Sünde, ein starkes Verlangen, der Begrenztheit und Endlichkeit des individuellen Daseins zu entrinnen, und ein ernsthaftes Bemühen um das Erwecken von Buddhatā. Wer diesem Weg folgt, der wird in seiner Erfahrung gewiß den Aspekt des passiven Empfangens entdecken.

EINE NEUE PHASE DES BUDDHISMUS

Der Buddhismus, dessen intellektuelle Strömung die Karma-Doktrin zunächst – trotz seiner Nicht-Selbst- (*anatta*) oder Nicht-Ich-Lehre – individualistisch interpretierte, hat uns schließlich doch durch die Buddhatā-Lehre von den eisernen Ketten des Karma befreit. So werden die endlichen Wesen vom Wirken einer blinden Kausalität erlöst, doch zugleich ergreift damit die Sündhaftigkeit, die ihnen in ihrer räumlichen und zeitlichen Begrenztheit wesenhaft zu eigen ist, Besitz von ihrem religiösen Bewußtsein. Die Sünde besteht in der Unfähigkeit des endlichen Wesens, sich selbst zu transzendieren. Wenn das so ist, wird es nur *einen* Weg geben, sich von der Sünde zu befreien, und der besteht darin, sich einem Unendlichen anzuvertrauen, also alle Selbsterlösungsversuche aufzugeben und einen Zustand der passiven Empfänglichkeit des Geistes herbeizuführen, der einer größeren und höheren Wirklichkeit den Zugang ermöglicht. So lesen wir auch bei William Wordsworth:

> Auch denk' ich, daß es Mächte gibt,
> die aus sich selbst den Geist durchdringen,
> und daß wir unsrem Geiste Nahrung schaffen
> durch weise Passivität.

Karma wird also von den Mahayanisten eher kosmisch aufgefaßt, der überindividuelle Aspekt setzte sich bei ihnen gegenüber dem individuellen durch. Nāgārjunas Bestreben, das

Karma-Gesetz überhaupt aufzulösen, stellt die negative Seite dieser Entwicklung in der Geschichte des Buddhismus dar. Solange die Hinayanisten das Karma individualistisch auslegten, gab es bei ihnen keinen Raum für das Gefühl der passiven Empfänglichkeit. Mit der mahayanistischen Auslegung stellte sich jedoch ein überwältigendes Gefühl von Bedrängnis ein, denn man schrieb dem Karma jetzt eine wesentlich stärkere, tiefere und weitreichendere Wirkung zu als bis dahin. Es erwuchs aus dem Kosmos insgesamt, und endliche Einzelwesen waren völlig machtlos dagegen. Aus diesem Gefühl der Hilflosigkeit heraus wandten sich die Mahayanisten einer größeren Kraft zu, die diesem gewaltigen karmischen Wirken gewachsen war.

Hierfür spielt noch ein weiterer Faktor eine Rolle, der die Mahayanisten auf den überindividuellen Kräften der Buddhatā beharren ließ. Ich spreche von Karunā, dem Erbarmen, das ja seiner Definition nach die Grenzen des Individuellen sprengt. Liebevolle Barmherzigkeit kann etwas höchst Beunruhigendes an sich haben, denn sie scheint ja dem Selbsterhaltungsinstinkt genau entgegengesetzt zu sein. Dennoch, die Wurzeln des Erbarmens reichen tief, und es heißt sogar, es sei eigentlich der Grund der menschlichen Natur.

Barmherzigkeit geht Hand in Hand mit Kummer, denn eine barmherzige Seele ist stets bekümmert, wenn sie die Verblendung und Verwirrung der Welt sieht, und dann wird ihr bewußt, daß sie an sich selbst etwas hat, wodurch sie in die Verblendung und Schlechtigkeit der Welt verwickelt ist. Eben daraus erwächst das Gefühl der Sünde. Vielleicht liegt hier der Grund dafür, daß religiös gesinnte Menschen sich häufig so sehr zu einem asketischen Leben hingezogen fühlen; ohne unbedingt genau zu wissen weshalb, empfinden sie die Verpflichtung, Buße zu tun. Wenn Karma zu einer überwältigenden Kraft wird und sich auch noch mit Erbarmen, Kummer und Sünde verbindet, muß der Buddhist zu einer ganz anderen Haltung gegenüber sich selbst gelangen. Er ist jetzt kein einzelner mehr, der sich ganz auf seine eigenen Kräfte verläßt, sondern möchte eins werden mit einer Kraft, die das ganze Universum mit seinen zehntausend Dingen in sich birgt.

DIE PSYCHOLOGIE DER PASSIVITÄT

Wir betrachten Passivität hier als psychologisches Phänomen; eine metaphysische oder theologische Deutung steht auf einem ganz anderen Blatt. Das Gefühl, von Sünde geläutert worden zu sein, ist für den Sünder selbst eine passive Erfahrung. Es mag für diese subjektive Sicht eine objektive Verifikation geben oder nicht; es wäre aber falsch zu sagen, in diesem Bewußtsein sei keine andere Empfindung als die der Passivität.

Dieses Gefühl, wenn es urplötzlich über uns kommt – oder doch so, daß wir nicht alle Schritte seiner Annäherung bewußt verfolgen –, steht ohne Zweifel im Vordergrund, um so mehr, als wir ja wissen, daß alle Willensanstrengungen uns nicht zur Befreiung verholfen haben. Analysieren wir jedoch dieses Gefühl der Passivität, so sehen wir, daß es erst eintritt, wenn in uns etwas sehr aktiv geworden ist. Passivität kann nicht vor einem leeren Hintergrund erfahrbar werden, sondern nur durch den Kontrast zu etwas Aktivem, und so beweist die Tatsache, daß wir Passivität empfinden, daß in uns eine Kraft wirkt, die uns in einen Zustand der Empfänglichkeit versetzt. Die von christlichen Quietisten und von manchen Vertretern des Shin-Buddhismus vertretene Auffassung, es komme einzig und allein auf die «Kraft des anderen» an, kann also in dieser extremen Form nicht zutreffen.

Solange ein Mensch bewußt oder unbewußt dem Individualismus anhängt, fühlt er einen beklemmenden Druck, den er vielleicht als die Sünde deutet. Solange jedenfalls sein Geist vom Glauben an das Ich nicht lassen kann, findet die «Kraft des anderen» keinen Ansatzpunkt und kann nicht wirksam werden – der Zugang ist ihr versperrt. Es ist ganz natürlich, daß dieser Mensch ganz und gar leer zu sein glaubt, wenn diese Sperre wegfällt. Aber da kann keine absolute Leere, kein Nichts sein, denn in diesem Fall gäbe es nichts, worin die «Kraft des anderen» wirken könnte.

Mit dem Preisgeben der «Kraft des eigenen Ich» erscheint die «Kraft des anderen» auf dem Plan, Preisgeben und Erscheinen fallen zusammen. Es ist also nicht so, daß nach der Preisgabe zunächst eine leere Stelle bleibt, die dann schließlich von der «Kraft des anderen» eingenommen wird; die Fakten der Erfahrung rechtfertigen eine solche Anschauung nicht, denn nichts kann in einem Vakuum wirken. Es muß vielmehr einen Punkt geben, an dem die «Kraft des anderen» ansetzen kann, oder eine Form, in die sie sich gleichsam hineinpreßt. Wäre da nichts als die absolut leere Passivität, so gäbe es keine solchen Ansätze. Die Absage an das Ich bedeutet nicht seine völlige Auslöschung, sondern bereitet es darauf vor, eine höhere Kraft zu empfangen. Hier dürfen wir nicht vergessen, daß die Empfänglichkeit selbst eine Kraft ist und nicht einfach eine passive Leere; die «Kraft des anderen» absolut zu setzen ist weder psychologisch sinnvoll noch metaphysisch vertretbar.

GEFAHREN DES ABSOLUTEN PASSIVISMUS

Die Lehre von der absoluten Passivität zeigt zwei deutlich erkennbare Entgleisungstendenzen. Die eine könnten wir als negativ bezeichnen, denn sie führt zu Quietismus und Trägheit, zu einer alles auslöschenden kontemplativen Versunkenheit, die in diesem Auslöschen steckenbleibt. Die andere ist von entschieden positiver, ja geradezu aggressiver Art, wie sich zum Beispiel an Lehre und Leben der Freigeister im vierzehnten Jahrhundert zeigt. Wenn das Ich vollständig ausgelöscht wurde und Gott an seine Stelle getreten ist, sind alle Gedanken und Wünsche nicht mehr Regungen des Ich, sondern Gottes – er hat von diesem Ich vollkommen Besitz ergriffen, er ist es, der durch das Ich wirkt und begehrt. Die folgende Passage ist einem Werk Ruysbroecks entnommen, in dem er die Position der Freigeister in Belgien sehr deutlich darlegt.

> Ohne mich besäße Gott weder Erkenntnis noch Willen, noch Macht, denn ich habe – zusammen mit Gott – meine eigene Person und alle Dinge erschaffen. An meinen Händen hängen Himmel, Erde und alle Kreaturen. Alle Gott dargebrachte Verehrung wird mir dargebracht, denn in meinem wesenhaften Sein bin ich Natur aus Gott. Was mich selbst angeht, so hoffe ich weder auf Gott, noch liebe ich ihn; ich habe weder Glauben an Gott, noch baue ich auf ihn. Ich habe um nichts zu beten, nichts zu erflehen, denn ich verehre Gott nicht als über mir. In Gott ist nicht Verschiedenheit von Vater und Sohn und Heiligem Geist, und mit diesem Gott bin ich eins, bin, was er ist und was er ohne mich nicht ist.*

Ein anderer Autor zitiert den folgenden Austausch zwischen einem Angehörigen der Bruderschaft der Freigeister und einem Fragesteller:

> «Was ist Freiheit des Geistes?»
> «Sie fängt da an, wo alle Gewissensqualen aufhören und der Mensch nicht mehr sündigen kann.»
> «Habt Ihr diesen Stand der Vollkommenheit erlangt?»
> «Ja, und in so hohem Maße, daß ich in der Gnade wandle, denn ich bin eins mit Gott, und Gott ist eins mit mir.»
> «Muß ein Bruder vom Freien Geist der Autorität gehorchen?»

* Zitiert in A. Wantier D'Aygalliers: *Ruysbroeck the Admirable*, S. 46.

«Nein, er schuldet keinem Menschen Gehorsam und ist auch nicht an die Gebote der Kirche gebunden. Wann immer jemand ihn daran hindert, zu tun, was er will, so mag er diesen töten. Er darf allen Impulsen seiner Natur folgen; er begeht keine Sünde, wenn er seinen Begierden nachgibt.»*

Der Antinomismus, also die grundsätzliche Absage an die Verbindlichkeit moralischer Gesetze, redet einem von Instinkt und Intuition geleiteten Leben das Wort und kann natürlich, je nach der Grundveranlagung seiner Verfechter, zum Guten oder zum Bösen ausschlagen. Alles religiöse Leben, besonders das der Mystiker, tendiert zum Antinomismus. Er wird unmoralisch und gefährlich, wenn Weisheit und Vernunft zu schwach sind, um sich zu behaupten, oder wenn sie in untergeordneter Position im Hintergrund bleiben. Dies geschieht häufig da, wo das Gefühl der Passivität sich mit dem der spirituellen Freiheit verbindet. Wenn diese Freiheit nur eingebildet ist, entsteht eine sehr gefährliche Lage. D'Aygalliers beschreibt die Haltung gewisser Freigeister so (S. 46 f.):

Sie gehen so weit zu sagen, daß der Mensch, solange er noch Tugenden übt und Gottes kostbaren Willen zu tun trachtet, unvollkommen ist, da er sich immer noch etwas verschaffen möchte ... Daher sagen sie, sie könnten weder an die Tugend glauben noch weiteres Verdienst gewinnen, noch Sünden begehen ... Folglich dürften sie jedem Verlangen der niederen Natur nachgeben, denn sie seien in den Stand der Unschuld zurückgekehrt und von Gesetzen nicht länger betroffen.

Daher, wenn die Natur dem zuneigt, was ihr Befriedigung gewährt, und wenn, um dem zu widerstehen, die beschau-

* A. Allier, zitiert von D'Aygalliers, S. 43.

liche Muße des Geistes, und sei es noch so leicht, gehemmt oder aufgewühlt werden muß, gehorchen sie den Instinkten der Natur. Sie sind allesamt Wegbereiter des Antichrist, öffnen jeder Art Unglauben Tür und Tor. Sie behaupten wahrhaftig, sie seien frei und jenseits der Gebote und Tugenden. Sagen, was ihnen beliebt, und keinen Widerspruch gelten lassen, ihren eigenen Willen haben und niemandem Untertan sein – das ist es, was sie Freiheit des Geistes nennen. Frei in ihrem Fleisch, geben sie dem Körper, was er begehrt ... Die höchste Frömmigkeit des Menschen sehen sie darin, ungezwungen und in allen Dingen seinem natürlichen Instinkt zu folgen, so daß er zur Befriedigung dessen, was der Körper fordert, jeder Regung nachgeben mag ... Sie möchten sündigen und ohne Furcht und Gewissensbisse sündigen und ihrem unreinen Treiben frönen dürfen.*

* Vergleichen wir diese Haltung der Freigeister mit der Prajñāpāramitā-Lehre des Buddhismus: Wo erstere vom Abgleiten in grobe Sinnlichkeit bedroht ist, ruht letztere auf tiefen metaphysischen Intuitionen, die die Grenzen des Relativen überschreiten und Sein und Nichtsein, Begierde und Begierdelosigkeit, Verblendung und Erleuchtung transzendieren. Die folgenden Passagen stammen aus einem Werk mit dem Titel *Saptashatikā-Prajñāpāramitā-Sūtra* oder «Prajñāpāramitā-Sūtra in 700 Zeilen», auch bekannt als «Prajñāpāramitā, wie von Mañjushrī dargelegt»:

Shāriputra sprach: «Erhabener, nach Mañjushrīs Darlegung der Prajñāpāramitā übersteigt sie das Verständnis derjenigen Bodhisattvas, die gerade erst mit ihrer Schulung begonnen haben.»

Da sprach Mañjushrī zu Shāriputra: «Was ich lehre, übersteigt nicht nur deren Verständnis, sondern auch das jener Arhats, die alle Erfordernisse ihrer Schulung erfüllt haben. Im Grunde ist da niemand, der meine Lehre erfassen kann. Weshalb? Weil Erleuchtung etwas ist, was kein relatives Bewußtsein (*vijñāna*) erfassen und keine Intelligenz wahrnehmen kann; sie übersteigt das Sehen, Hören und Erinnern, sie ist weder geboren, noch geht sie unter, sie ist weder zu beschreiben noch zu bestimmen. Da sie von dieser Natur ist, können wir nicht sagen, ob sie existiert oder nicht. Sie ist nicht Gegenstand der Wahrnehmung und nicht des Erlangens.»

Shāriputra sprach: «O Mañjushrī, ist da nicht ein Dharmadhātu, der vom Buddha geschaut werden kann?»
Mañjushrī sprach: «O Shāriputra, da ist kein Dharmadhātu, der vom Buddha geschaut werden kann. Warum? Der Dharmadhātu ist der Buddha und der Buddha der Dharmadhātu, und es gibt kein Schauen seiner selbst. Dharmadhātu heißt, daß alle Dinge leer sind, und diese Leerheit aller Dinge ist Erleuchtung. Zwischen diesen beiden besteht kein Unterschied, keine Zweiheit. Da keine Zweiheit besteht, gibt es kein Schauen; da es kein Schauen gibt, ist kein Benennen (*adhivachana*) möglich; wo kein Benennen möglich ist, gibt es keine Gedankenkonstruktionen (*vijñaptika*) wie Tun und Nichttun, Sein und Nichtsein, es gibt keine vom Ich erzeugten Gegenstände. Und dies ist die Natur aller Dinge, deren Vorhandensein hier oder da nichts weiter als unsere Gedankenkonstruktion ist.
Die Verstöße begehen, Shāriputra, heißt die unausdenklichen Eigenschaften erlangen, die unausdenklichen Eigenschaften erlangen heißt die Wirklichkeit hervorbringen. Und die Wirklichkeit ist nicht-zwei. [Da die Verstöße, die Unausdenklichen und die Wirklichkeit nicht voneinander zu sondern sind, existiert kein Handelnder, der die Verstöße begehen könnte; dies würde nämlich das Erlangen des Unausdenklichen und das Erzeugen der Wirklichkeit bedeuten, und beides ist unmöglich.] Die mit den unausdenklichen Eigenschaften begabten Wesen gelangen weder in die Himmel noch auf die Pfade des Bösen, noch zum Nirvāna. Wer die Verstöße begeht, fällt nicht der Hölle anheim. Die Verstöße und die Unausdenklichen sind beide vom Wirklichen, und das Wirkliche ist seiner Natur nach ohne Zweiheit, es wird nicht geboren und nicht zerstört, es kommt nicht und geht nicht, ist weder Ursache noch Wirkung, weder gut noch schlecht, weder für die Pfade des Bösen noch für die Himmel bestimmt, es erlangt weder Nirvāna, noch setzt es sich fort durch den Kreislauf von Geburt und Tod. Warum das so ist? Weil nichts im wahren Dharmadhātu gut oder böse ist, weil nichts dort hoch oder niedrig, vorangehend oder nachfolgend ist.
Shāriputra, der Mönch, der die schweren Verstöße begangen hat, ist nicht der Hölle geweiht. Wer getreulich die Regeln der Sittlichkeit befolgt, wird nicht im Himmel wiedergeboren. Der Missetäter gelangt nicht auf den Pfad von Geburt und Tod, man soll ihn nicht verachten, herabsetzen, vom Almosengeben ausnehmen [und so weiter]. Der Redliche verwirklicht nicht Nirvāna, er ist nicht zu loben, besonders zu schätzen, bei den Almosen zu bevorzugen [und so weiter]. Warum? Weil im wahren Dharmadhātu Gleichheit herrscht und keine Unterscheidung getroffen wird zwischen Verstoß und Einhaltung.» . . .
Mañjushrī sprach zum Erhabenen: «Erleuchtung ist die fünf Verstöße

Wenn ein Mystiker, der ganz und gar von Gott oder jedenfalls einer höheren Macht ergriffen zu sein meint, sich einem Leben der Sinnenlust verschreibt, so ist das psychologisch verständlich und erklärbar, denn es besteht in allen Religionen ein Hang zu ursprünglichen Impulsen, die nicht der Herrschaft verstandesmäßig gesetzter moralischer Regeln unterstehen.

Wenn das Dasein einfach angenommen wird als Ausdruck der unergründlichen Weisheit Gottes oder des Buddha, so geht damit häufig ein Einverständnis mit allen durch die Leiblichkeit bedingten Übeln einher. Deshalb leihen die Vertreter der Orthodoxie ihr Ohr im allgemeinen nicht so gern den Worten, die von Passivität sprechen, und in der Tat lauern hier ernste Gefahren. Wenn etwa im Shin-Buddhismus gesagt wird: «So, wie du bist, bist du erlöst», oder wenn es heißt, Amidas allumfangende Liebe nehme alle Sterblichen mitsamt ihren Sünden und Befleckungen sogar ungewaschen in sich auf, so kann das zu einer Fallgrube werden, wenn nicht Wertgefühl und ein starkes sittliches Empfinden hinzukommen. Es ist gewiß sehr gut zu sagen: «Sorget nicht für euer Leben», oder «Sorget nicht für den anderen Morgen; denn der morgende Tag wird für das Seine sorgen», und ein Buddhist wird von Herzen der Wahrheit zustimmen, die darin liegt; machen wir uns jedoch klar, daß dieses Leben von Augenblick zu Augenblick wesenhaft eins ist mit dem Leben der Vögel unter dem Himmel und der Lilien auf dem Felde und daß es bei Menschen abgleiten kann in Antinomismus und Zügellosigkeit.

Wahre Religiosität erteilt dem absoluten Subjektivismus eine

[Todsünden], und die fünf Verstöße sind Erleuchtung. Weshalb? Weil Erleuchtung und die fünf Verstöße nichtexistent sind und ihre wahre Natur nicht zu begreifen ist. Hier ist weder Wahrnehmung noch ein Wahrnehmender, weder Sehen noch ein Sehender, weder Erkenntnis noch ein Erkennender, weder Bestimmung noch ein Bestimmender. Dies kann man sowohl von der Erleuchtung als auch von den fünf Verstößen sagen. Wenn da einer ist, der die Erleuchtung als erlangbar betrachtet, als etwas, worin man sich schulen kann, so überhebt dieser sich selbst.»

Absage, und mit Recht. Natürlich darf diese Haltung nicht dazu führen, daß wir die Aussagen der Mystiker, wie sie in der folgenden Lebensbeschreibung eines frommen Buddhisten so schlicht und unschuldig zum Ausdruck kommen, einfach ignorieren; von der beinah aggressiven Art der Brüder vom Freien Geist ist hier nichts zu spüren:

Kichibei war ein reicher Bauer, der in der Provinz Izumo lebte. Als sein religiöses Bewußtsein erwachte, gewährten ihm seine alten Lebensumstände keine Befriedigung mehr. Er verkaufte all sein Land, und den Erlös verwendete er, um hierhin und dorthin zu wandern und Unterweisung im Shin-Buddhismus zu suchen. Später verkaufte er auch seine Vorräte, die Einrichtung seines Hauses und schließlich das Haus selbst. Aller irdischen Besitztümer ledig, widmete er sich nun ganz dem Buddhismus, suchte alle Shin-Lehrer nah und fern auf und lauschte ihren Unterweisungen.

So vergingen viele Jahre, und unter den Nachbarn hieß es schon: «Kichibei geht in Sandalen aus Gold umher», da all sein Geld und Besitz der Religion zugeflossen waren. Die Armut bedrückte ihn nicht im mindesten, und er sagte: «Das Lebensnotwendige für diesen Tag, das ist genug.» Noch mit Siebzig verkaufte er Fische, um seinen Lebensunterhalt zu verdienen, und dabei nahm er nicht mehr als ein paar Tōbyaku (Pfennige) am Tag ein. Einmal brachte ihm ein Kind aus der Nachbarschaft einen Strauß Blumen, und seine Dankbarkeit kannte keine Grenzen. Mit den Worten: «Durch Amidas Gnade erlebe ich diesen Tag, da ich ihm dieses Blumenopfer darbringen kann», wandte er sich dem Altar zu. Das Kind erhielt zur Belohnung zwei Tōbyaku, die gesamten Tageseinnahmen.*

Ist nicht solch ein Buddhist ein guter Nachfolger Jesu? Er sorgte nicht für den anderen Morgen, und wie wäre es ihm wohl in unseren Tagen ergangen? Doch auch für uns Heutige

* *Anjin Shōwa*, XVIII.

ist an einem Leben wie dem des Bauern Kichibei noch etwas Anrührendes und Fesselndes. Richard Rolle (um 1300–1349), der als Begründer der englischen Mystik gilt, spricht von

> einem kontemplativen Menschen, der sich mit so großem Verlangen dem unsichtbaren Licht zuwendet, daß die Menschen ihn häufig für einen Narren, ja für wahnsinnig halten, weil sein Herz so sehr lodert von der Liebe zu Christus. Selbst seine körperliche Erscheinung ist gewandelt, so sehr verschieden von anderen Menschen, daß es scheint, als wäre Gottes Kind ein Umnachteter.*

«Narr Gottes» oder «Umnachteter Gottes», das sind sprechende Ausdrücke. Gewiß hatte sich Kichibei in seiner äußeren Erscheinung gewandelt und war ein erstklassiger Verrückter geworden.

DAS PASSIVE LEBEN

Die psychologische Seite dieser religiösen Ergriffenheit läßt sich in der Sprache der Madame Guyon beschreiben:

> Ich spreche, liebster Bruder, ohne allen Vorbehalt mit Dir. Vor allem nun ist meine Seele, so scheint es, derart mit Gott vereinigt, daß mein eigener Wille sich ganz und gar im Göttlichen Willen verliert. Ich lebe deshalb, so gut ich es auszudrücken vermag, außerhalb meiner selbst und aller anderen Kreaturen in der Einheit mit Gottes Willen und daher in der Einheit mit Ihm ... So ist Gott in Seiner heiligenden Gnade Ganz und Gar zu mir gekommen. Das Ich, das mich einst bedrückte, ist von mir genommen, und ich finde es nicht mehr. Und indem Gott solcherart in allen

* *The Amending of Life*, hrsg. v. H. L. Hubbard (1922), S. 91.

Dingen und Ereignissen kenntlich wird – nur so kann ja das ICH BIN, das Unendliche Sein, kenntlich werden –, wird alles mir in gewissem Sinne Gott. Ich finde Gott in allem, was ist, und in allem, was sich zuträgt. Die Kreatur ist nichts; Gott ist ALLES.»*

Upham rekonstruiert aus Madame Guyons Autobiographie und anderem Material ein Gespräch zwischen ihr und Bossuet, dem Bischof von Meaux, der damals als «Führer der französischen Kirche» galt. Das Gespräch ist interessant, weil es den quietistischen Standpunkt der religiösen Erfahrung darlegt; ich möchte deshalb hier etwas ausführlicher zitieren:

Bossuet: Mir fällt auf, daß die Begriffe und Ausdrücke, die Sie manchmal verwenden, anders sind als jene, denen ich in theologischen Schriften häufig begegne. Vielleicht ist das teilweise erklärt durch die Gründe, die Sie bereits nannten. Dennoch, sie können zu Mißverständnissen und Irrtümern führen, und daher ist es notwendig, genau festzuhalten, was gemeint ist. Sie beschreiben gelegentlich das, was Sie für den höchsten Grad der religiösen Erfahrung erachten, als einen Zustand der *Passivität*, mitunter auch als *passiv aktiv*. Ich muß gestehen, Madame, daß ich eine gewisse Scheu habe vor Ausdrücken, die ich nicht gänzlich verstehe und die zumindest dem Anschein nach nicht ganz vereinbar sind mit dem moralischen Anspruch an das Handeln des Menschen, mit seiner Verantwortlichkeit.
Madame Guyon: Es überrascht mich nicht, daß Sie gerade diese Ausdrücke ansprechen, doch wüßte ich wirklich nicht, welche sonst ich verwenden sollte. Ich will mich bemühen, sie zu erklären. In der Frühzeit seiner religiösen Erfahrung lebt der Mensch in einem *gemischten Leben*, wie

* Aus einem Brief an ihren Bruder, zitiert in Thomas C. Upham: *Life and Experience of Madame Guyon*, S. 305 ff.

ich es nennen möchte; manchmal handelt er aus Gott, häufiger jedoch, bis er beträchtlich fortgeschritten ist, aus sich selbst. Seine Wendung nach innen, solange sie nicht durch göttliche Gnade korrigiert ist, entspringt seinem Ich und ist ebenso verderbt wie alles, was aus dieser Quelle kommt. Ist die Seele jedoch, von reiner und vollkommener Liebe ergriffen, ganz und gar bekehrt und alles an ihr Gott unterworfen, so befindet sie sich stets in einem entweder passiven oder passiv aktiven Zustand.

Ich will jedoch einräumen, und das wird vielleicht Ihren Widerspruch finden, daß es Gründe gibt, den Ausdruck *passiv aktiv* zu bevorzugen; die geheiligte Seele hat zwar keinen eigenen Willen mehr, doch ist sie niemals im strengen Sinne untätig. Tatsächlich bleibt unter allen Umständen und in allen Fällen ein ganz bestimmter Akt der Seele bestehen, nämlich ein *Akt des Zusammenwirkens mit Gott.* In manchen Fällen ist das einfach ein Zusammenwirken mit dem, was *jetzt ist*, und stellt in dieser Form die religiöse Haltung des ergebenen Hinnehmens und Duldens dar; in anderen Fällen richtet sich das Zusammenwirken auf das, was *sein soll*, und hier impliziert es Künftiges und folglich Bewegung und Ausführung.

Bossuet: Ich glaube, Madame, ich verstehe Sie. Es besteht zweifellos ein Unterschied zwischen den beiden Klassen von Fällen, die Sie eben erwähnten, und da der Ausdruck *passiv aktiv* auf beide anwendbar ist, sollte man ihm wohl den Vorzug geben. Ich vermute, Sie benutzen diesen komplexen Begriff, weil er zwei verschiedene Akte oder Vorgänge erfassen soll, nämlich zum einen die vorbereitende oder vorauswirkende Gnade Gottes und zum anderen den Akt des Zusammenwirkens seitens der Kreatur. Bei ersterem ist die Seele passiv oder in einer rein anschauenden Verfassung, im anderen Fall aktiv, wenn auch stets in Übereinstimmung mit der göttlichen Lenkung.

«Passiv aktiv» oder «aktiv passiv» beschreibt die Haltung des quietistischen Mystikers. Er ist sich des eigenen aktiven Anteils an seiner religiösen Erfahrung nicht immer bewußt, und aufgrund seiner religiösen Philosophie würde er diesen Teil vielleicht am liebsten ganz ignorieren. Doch wie schon gesagt, es gibt keine absolut passive Geistesverfassung, denn das würde absolute Leere bedeuten, wohingegen Passivität ein Etwas voraussetzt, das bereit ist zu empfangen. Selbst Gott könnte da nicht wirken, wo einfach nichts ist, was ihm einen Ansatz böte. Passivität ist ein Ausdruck, mit dem wir einen nicht ganz analysierbaren Bewußtseinszustand umschreiben. Im religiösen Leben stellt Passivität sich als die Kulmination eifrigen Bemühens ein. Ohne diese Vorarbeit wäre Passivität schiere Geistesleere, in der es gar kein Bewußtsein gibt, nicht einmal von Passivität.

«Ich lebe, doch nicht ich lebe in mir, sondern Christus.» In dieser Passivität hat etwas anderes als das Ich Besitz ergriffen von dem, was lebt, doch dieses Lebende bleibt stets vorhanden. «Denn ihr seid gestorben, und euer Leben ist verborgen mit Christo in Gott» (Kol. 3,3). Etwas in uns ist dann tot, es muß früher oder später sterben, doch was leben soll, lebt weiter. Wir sind dann also nicht ganz und gar zunichte gemacht, sondern eigentlich jetzt erst wahrhaft lebendig. Leben ist ein Geschehen und ein Wirken, es ist sogar die höchste Form des Wirkens. Absolute Passivität ist gleichbedeutend mit Tod.

PASSIVITÄT UND DER REINES-LAND-BUDDHISMUS

Im Buddhismus ist die Idee der Passivität am deutlichsten in der Reines-Land-Schule zu verfolgen, aber auch in der Heiliger-Pfad-Schule fehlt sie nicht ganz. Shinran, ein großer Vertreter der Tariki-Lehre, der Lehre von der «Kraft des anderen», legt natürlich Wert auf das Prinzip der Passivität im religiösen Leben seiner Anhänger. Seine Anschauung kommt in Passagen wie der folgenden, einer Absage an die Kraft des eigenen Ich oder die «Selbst-Kraft» (*jiriki*) und den «Selbst-Willen» (*hakarai*), sehr deutlich zum Ausdruck:

> Mit «Selbst-Kraft» ist der Selbst-Wille der Anhänger [der Heiliger-Pfad-Lehre] gemeint. In den verschiedenen Lebenslagen rezitieren sie andere Namen [als den des Buddha Amida], üben sich in anderen guten Werken [als dem Aussprechen des Namens Amidas]. Sie verlassen sich auf ihren eigenen Willen und wollen so alle dem Körper, der Rede und dem Denken entspringenden Beeinträchtigungen beheben, um sich selbst zu läutern und dadurch die Wiedergeburt im Reinen Land zu erlangen.
>
> Die aber, die an die «Kraft des anderen» glauben, legen ihren ganzen rückhaltlosen Glauben in das ursprüngliche Gelübde Amidas; im Achtzehnten Gelübde gelobt er, alle Wesen in sein Land der Reinheit aufzunehmen, wenn sie nur seinen Namen rezitieren und von ihm erlöst zu werden begehren. Hierin, so sagt der Heilige, gibt es keine menschlichen Absichten und Pläne, denn das Gelübde des Tathāgata ist schon der ganze Plan. Mit dem menschlichen Plan ist der Selbst-Wille gemeint, und Selbst-Wille ist das Bauen auf die Selbst-Kraft. «Kraft des anderen» bedeutet dagegen den rückhaltlosen Glauben an das ursprüngliche Gelübde, und da eben dies den Gläubigen seiner Wiedergeburt in Amidas Land versichert, kann es hier nirgends ein menschliches Planen geben. Der Gläubige muß sich auch nicht ängstigen, ob er wohl angesichts seiner Sündhaftigkeit vom Tathāgata willkommen geheißen wird.
>
> Möge er nur ganz beruhigt sein, auch angesichts all seiner Leidenschaften, denn sie gehören von Natur aus zu ihm, da er ein unwissender und sündiger Sterblicher ist; und möge er nur ja nicht denken, er werde aufgrund von guten Ab-

sichten und gutem Lebenswandel in Amidas Land wiedergeboren. Solange ihm sein Selbst-Wille noch wichtig erscheint, gibt es für ihn keine Möglichkeit, im Reinen Land wiedergeboren zu werden.*

Bei Shinran begegnen wir immer wieder Ausdrücken wie «kunstlose Kunst», «sinnloser Sinn», «keinerlei Planung», «Natürlichkeit», «Soheit», «der natürliche Lauf der Dinge», «Wege der absoluten Freiheit», «Pfad ohne Hindernisse», «jenseits der Intelligenz und Erfindungsgabe der Unwissenden», «absolutes, von allem menschlichen Gutdünken freies Vertrauen auf das Gelübde des Tathāgata», «das große glaubende Herz ist Buddhatā, und Buddhatā ist der Tathāgata». Bei all diesen im Wortschatz des Shin-Buddhismus so häufigen Ausdrücken und Wendungen geht es darum, bei seinen Anhängern die Haltung der Passivität zu bestärken. Es ist an Amida, das Gelübde ins Werk zu setzen, das am Beginn seines Werdegangs zum Tathāgata stand, und das bedeutet: «Laßt uns nur ganzen Herzens an das Gelübde glauben, und es wird seinen Weg in unsere sündigen Herzen unweigerlich ganz natürlich und ganz von selbst, ohne daß wir dazu etwas ersinnen müßten, finden und uns nach unserem Tode in sein Land der Seligkeit und Reinheit versetzen». Solange wir aufgrund von früherem Karma auf der Erde leben, sind wir an das Gesetz des Fleisches gebunden, vom blinden Lebensdrang getrieben, und können dem nicht entkommen; solange es aber das Urgelübde Amidas gibt, das sich ja für ihn selbst als wirksam erwiesen hat, da er vollkommene Erleuchtung fand, brauchen wir uns wegen der sündigen Antriebe des Erdenlebens keine Sorgen zu machen.

Der absolute Glaube beendet die spirituellen Zweifel und Bedrängnisse, die uns verfolgen, da wir nun einmal Sünder sind. Daß wir Sünden begehen, mag unabänderlich sein,

* Aus dem *Mattōshō*, einer Sammlung von Shinrans Briefen.

denn solange unser Dasein im Bereich des Relativen währt, Kräften unterstellt, die unsere «Selbst-Kraft» nicht beherrschen kann, können wir uns nicht gänzlich von Leidenschaften, Begierden und Impulsen freimachen. Dennoch bekümmert unsere Sünde uns nicht mehr und hat keinen Einfluß auf unser Leben nach dem Tode, denn sind wir nicht schon erlöst und gerettet durch das Urgelübde Amidas, das wir vorbehaltlos angenommen haben? Ist es nicht die Sorge um unser Leben nach dem Tode – die Unsterblichkeit, wie ein Christ sagen würde –, was uns so bedenklich stimmt angesichts dieses sündenbehafteten Erdenlebens? Und sündigen wir nicht weiter und sind womöglich, wie manche Antinomisten, noch stolz darauf? Wir mögen wirklich ernsthaft besorgt sein, aber alle Sünden können nicht mehr unseren Glauben an Amida erschüttern oder unsere Gewißheit, daß wir schließlich Erleuchtung und Befreiung finden werden. Die Seele ist nicht länger beunruhigt, und mag das Sündigen auch beklagenswert sein, sie bleibt fest in ihrem Glauben, ihrer Hoffnung und ihrer transzendenten Freude.

Richard Rolle, der Autor der Schrift *The Amending of Life*, war ein christlicher Mystiker des vierzehnten Jahrhunderts. Seine Anschauung von Sünde und Reinheit des Herzens hat mit dem bisher Gesagten manches gemein. Er schreibt (S. 75 f.):

> Wer kann wahrheitsgemäß sagen: «Ich bin frei von Sünde»? Niemand in diesem Leben, denn wie Hiob sagte: «Wenn ich mich gleich mit Schneewasser wüsche und reinigte meine Hände mit Lauge, so wirst du mich doch tauchen in Kot, und werden mir meine Kleider greulich anstehen.» «Wenn ich mich gleich mit Schneewasser wüsche», womit echte Reue gemeint ist, «und reinigte meine Hände mit Lauge» durch Werke der Unschuld, «so wirst du mich doch tauchen in Kot», den Kot der Todsünden, die nicht zu vermeiden sind, «und werden mir meine Kleider greulich

anstehen», das heißt, mein Fleisch läßt mir grauen vor mir selbst, und die Sinnlichkeit, die so unkeusch und schlüpfrig ist und stets bereit, die Schönheit der Welt zu lieben, läßt mich häufig sündigen. Der Apostel sagt: «So lasset denn die Sünde nicht herrschen in eurem sterblichen Leibe», und das heißt, daß die Sünde notwendig in uns ist, aber nicht über uns herrschen darf... Er mag manches Mal eine weniger schwere Sünde begangen haben, doch fortan, da er sein ganzes Herz Gott zuwendet, ist die Sünde vernichtet. Das Feuer der Liebe in ihm brennt alle Makel der Sünde fort, wie ein Wassertropfen im Schmelzofen verzehrt wird.

Hier ist die Lehre des Tariki-Buddhismus, aber auch die Bedeutung der Passivität in der Psychologie des Buddhismus auf einen kurzen Nenner gebracht.

Ichiren-in (1788–1860), ein neuzeitlicher Anhänger der Tariki-Schule, spitzte die Lehre vom Verzicht auf den eigenen Willen noch weiter zu:

> Wenn noch irgend etwas dich bekümmert, so gering es auch sein mag, ist dein Glaube an Amida noch nicht absolut. Empfindest du Unrast, so ist das natürlich weit vom Glauben an Amida entfernt, doch auch wenn du frohlockst, du habest endliche Ruhe gefunden, ist auch das nicht die wahre Ruhe. Dich eifrig zu bemühen, weil du noch kein ruhiges Herz hast – auch das ist nicht ganz recht. Und abermals falsch ist es, deinen Glauben auf die Probe zu stellen, um zu sehen, ob er fest in Amida ruht.
> Weshalb? Weil all das Bemühungen sind, in deinen eigenen Geist zu schauen, und du von Amida abgelenkt wirst, dich falsch ausrichtest. Es ist wohl leicht zu sagen: «Gib deine Selbst-Kraft auf?», doch wie schwer ist es dann! Deshalb sage ich immer und immer wieder: «Schau nicht auf deinen eigenen Geist, schau ohne abzuirren auf zu Amida.» Sich

auf Amida verlassen, das heißt, sich dem Spiegel des Urgelübdes zuwenden und Amida von Angesicht zu Angesicht sehen.*

DAS LEBEN ANNEHMEN, WIE ES IST

Passivität ist nicht Selbstreflexion oder Selbsterforschung, sondern uneingeschränkte Hinwendung zu Amida. Solange auch nur eine Spur von bewußtem Wollen und Planen (*hakarai*) vorhanden ist, ist man noch nicht ganz in Amida versunken. Das eigene Ich und das Urgelübde sind – für das Denken – zwei verschiedene Dinge, keine Einheit. Und diese Einheit ist nur durch Akzeptieren, nicht durch Streben zu erlangen. Hier wäre ein anderer Ausdruck für Passivität: das Dasein so nehmen, wie es ist.

Glauben heißt demnach Sein und nicht Werden. Werden impliziert Unzufriedenheit mit dem Dasein, den Wunsch nach Veränderung; das aber bedeutet, «meinen Willen» gegen «deinen Willen» durchsetzen zu wollen. Und bei allem, was man über das Ideal der Vervollkommnung sagen kann, bleibt bestehen, daß Religion vor allem das Annehmen der Dinge ist, der schlechten ebenso wie der guten. Religion möchte vor allem anderen «sein». Glauben ist Sein – das ist das Fundament aller Religionen. Wenn wir dies in psychologische Ausdrücke übersetzen, so ist von Passivität als dem Grundprinzip des religiösen Bewußtseins zu reden. «Du bist recht so, wie du bist», oder «im Einklang sein mit Gott und der Welt» oder «Sorget nicht für den anderen Morgen» – das ist das letzte Wort aller Religion.

In eben diesem Geist sagte auch Rinzai (chin. Lin-chi, gest. 867, der Begründer der Rinzai-Schule des Zen):

* *Anjin Shōwa*, «Reden über den Frieden des Geistes».

> Der wahrhaft religiöse Mensch hat nichts zu tun, als mit seinem Leben weiterzumachen, wie es sich in den wechselnden Umständen seines weltlichen Daseins gerade bietet. Am Morgen steht er still auf, zieht sich an und geht an seine Arbeit. Möchte er gehen, so geht er, möchte er sitzen, so sitzt er. Er lechzt nicht nach Buddhaschaft, denkt mit keinem Gedanken daran. Wie kann das sein? Ein Weiser der alten Zeit sagt: Strebst du mit ausgedachten Mitteln nach Buddhaschaft, so ist dein Buddha fürwahr die Ursache endloser Wiedergeburt.*

Zweifel ist so gut wie Selbsttötung, und wer strebt, der «negiert» und wird, solange er negiert, dem Ozean von Geburt und Tod nicht entrinnen.

Ein Mann namens Jōemon, der in der Provinz Mino lebte, war in größter Sorge um seine Seele. Er hatte den Buddhismus studiert, aber bislang noch nichts erreicht. Schließlich begab er sich nach Kyōto, wo Ichiren-in, der große Lehrer des Shin-Buddhismus, damals lebte. Er offenbarte sich ihm und flehte um Unterweisung in der Lehre Shinran Shōnins. Ichiren-in sagte: «Du bist so alt, wie du bist.» (Die Erlösung durch Amida besteht darin, dich anzunehmen als das, was du bist.) Jōemon war damit nicht zufrieden und beklagte sich weiter, worauf Ichiren-in sagte: «Du bist erlöst so, wie du bist.»

Der Wahrheitssucher war aber nicht in der Verfassung, die Worte des Lehrers einfach anzunehmen; er konnte sich nicht freimachen von der Vorstellung des Strebens und der Anwendung von Mitteln, und so drang er immer weiter in den Lehrer. Der jedoch war von seinem Kurs nicht abzubringen, sondern wiederholte: «Du bist erlöst so, wie du bist.» Dann zog er sich still zurück. Dabei konnte Jōemon noch von

* Hier sinngemäß wiedergegeben, da eine wörtliche Übersetzung sehr viel Kommentar erfordern würde.

Glück sagen, daß Ichiren-in ein Tariki-Lehrer war, denn bei einem Zen-Meister wäre es ihm vielleicht noch ganz anders ergangen.*

John Woolman (1720–1772) war ein Quäker, der an den Pocken starb, und in der letzten Phase war sein Kehlkopf so stark in Mitleidenschaft gezogen, daß er nicht mehr sprechen konnte. Er bat um Federkiel und Tinte und schrieb mit großer Mühe: «Ich glaube, daß mein Hiersein in der Weisheit Christi ist. Über Leben und Tod weiß ich nichts.» Ein ebensolches Eingeständnis besitzen wir auch von Shinran, in dessen *Tannishō* (eine Sammlung seiner Aussprüche) es heißt: «Ich spreche mein Nembutsu, wie mein guter Lehrer es mich lehrte. Was aber meine Wiedergeburt nach meinem Tode im Land der Reinheit oder in der Hölle angeht – davon weiß ich gar nichts.»

Shinran spricht häufig davon, daß die Buddha-Weisheit unausdenklich, für den Verstand nicht erfaßbar sei. Daß wir hier sind, liegt einzig und allein an dieser Weisheit, und es ist unserer begrenzten Erkenntnis nicht gegeben, in das Mysterium dieser Weisheit einzudringen. Es ist auch gar nicht nötig, unseren endlichen Willen für dieses Ziel einzusetzen: Wir haben das Dasein einfach so anzunehmen, wie es ist, unser Vertrauen uneingeschränkt in die unendliche Weisheit Amidas zu setzen und es einfach bei diesem Vertrauen, diesem Glauben, diesem Annehmen und auch diesem Nichtwissen zu belassen.

* Te-shan Hsüan-chien (Tokusan Senkan), der ein buddhistischer Gelehrter gewesen war, bevor er schließlich die Zen-Schulung aufnahm und ein großer Meister wurde, sagte eines Abends zu den versammelten Mönchen: «Ich lasse heute abend keinerlei Fragen zu; wer fragt, erhält dreißig Schläge.» Ein Mönch trat vor, und als er sich eben verneigen wollte, versetzte Te-shan ihm einen Schlag. Der Mönch sagte: «Weshalb schlagt Ihr mich, wenn ich doch keine Frage stelle?» Der Meister fragte: «Wo ist deine Heimat?» Der Mönch sagte: «Ich komme aus Hsin-lo [Korea].» Der Meister sagte: «Du hättest dreißig Schläge verdient, bevor du auch nur das Schiff bestiegst.»
Ch'uan-teng-lu («Aufzeichnung über die Weitergabe der Leuchte»), Bd. XV.

Das Wunderbare an diesem Nichtwissen ist aber, daß es eine Weisheit in sich birgt, die uns vollkommene Befriedigung in diesem Leben und danach gewährt.*

Mystisches Wissen oder Nichtwissen und die Befriedigung die es gewährt, ist auch Gegenstand des folgenden (im Original aus einunddreißig Silben bestehenden) Gedichts von Ippen Shōnin (1229–1289). Als er sich unter Hōtō (1203–1298) im Zen schulte, fragte der Meister ihn einmal, wie er folgende Aussage auffasse: «Wo ein Gedanke sich regt, da ist ein Erwachen.» Ippen antwortete mit einem Vers:

* Im Zen gibt es zwei Arten von Nichtwissen, die eine besitzt Weisheit und Vertrauen, die andere ist völlige Dunkelheit.
Tung-shan (Tōzan) kam zu Shu-shan Hui-chao (Sozan E'shō), und jener fragte: «Ihr seid bereits der Meister eines Klosters, was wollt Ihr hier?» Tung-shan sagte: «Mich plagt ein Zweifel, und ich weiß nicht, was ich tun soll, deshalb komme ich.» Der Meister rief: «Liang-chieh!» (Das war Tōzans ursprünglicher Name.) Tōzan erwiderte augenblicklich: «Ja.» Der Meister fragte: «Was ist das?» Tōzan gab keine Antwort, und Shu-shan sagte: «Prächtiger Buddha, zweifellos; schade nur, daß er kein Feuer hat.» (*Ch'uan-teng-lu*, IX). Da er kein Feuer hat, ist sein «Nichtwissen» nicht erleuchtend. Wird er sich dessen bewußt, so ist da Erleuchtung.
Hui-lang fragte Shih-t'ou (Sekitō): «Wer ist der Buddha?» – «Du hast kein Buddha-Wesen.» – «Wie steht es mit diesen Wesen, die sich kriechend umherbewegen?» – «Die haben Buddha-Wesen.» – «Wie kann es sein, daß es mir mangelt?» – «Weil du es nicht selbst erkennst.» (*Ch'uan-teng-lu*, XIV.) Dies soll Hui-lang zu seinem «Nichtwissen» erweckt haben, das fortan erleuchtendes Nichtwissen war.
Yüeh-shan (Yakusan) saß in Versunkenheit da, und Shih-t'ou sagte: «Was tust du hier?» – «Ich tue nichts.» – «Dann sitzt du also müßig herum.» – «Auch müßig zu sitzen hieße etwas tun.» – «Wenn du nichts tust, wie du sagst, was ist dann das, was nichts tut?» – «Sogar die Weisen wissen es nicht.» (Ebenda.) Dieses «Nichtwissen» ist offenbar von einer ganz anderen Art.
Chen-lang fragte Shih-t'ou: «Was ist der Sinn von des Patriarchen [Bodhidharmas] Kommen aus dem Westen?» – «Frag den Pfahl dort drüben.» – «Ich verstehe nicht.» – «Auch ich verstehe nicht.» Diese Antwort des Meisters steckte jedoch Chen-langs Nichtwissen ein Licht auf, und so wurde es erleuchtetes «Nichtwissen». (Ebenda.)

Wenn der Name gesprochen wird,
ist da weder der Buddha noch das Selbst:
Na-mu-a-mi-da-bu-tsu –
allein die Stimme wird gehört.

Dem Meister schien, Ippen habe noch nicht recht begriffen, und so ließ Ippen einen weiteren Vers folgen:

Wenn der Name gesprochen wird,
ist da weder der Buddha noch das Selbst:
Na-mu-a-mi-da-bu-tsu,
Na-mu-a-mi-da-bu-tsu.*

Dies fand den Beifall des Meisters. In Ippens Religion finden wir Zen und Shin auf ganz praktische Weise in Einklang gebracht. Was es mit diesem «Einfach nur dies» auf sich hat, läßt sich auch wie im folgenden Zitat am Beispiel menschlicher Beziehungen verdeutlichen: Der Eigen-Wille behindert das Werk des All-Einen, das heißt Amidas:

> Wenn du den rebellischen Willen deiner eigenen Kraft aufgibst, wirst du erkennen, was es heißt, auf Amida zu vertrauen. Du möchtest erlöst werden, und der Buddha ist stets bereit zu erlösen, und doch ist es offenbar nicht leicht zu glauben, daß du im Land der Reinheit wiedergeboren wirst.
> Warum? Weil dein rebellischer Wille sich immer noch behaupten will. Das ist wie bei der Vereinbarung der Eheschließung zwischen einem jungen Mann und einer jungen Frau. Die Eltern beider Seiten sähen sie gern in der Ehe vereinigt. Nun sagt die Seite des Bräutigams, es sei nicht nötig, daß die Braut eine Mitgift erhalte. Die andere Seite hält dies jedoch für nötig, da der Bräutigam einer weitaus

* Aus den «Aussprüchen» Ippens.

reicheren Familie angehört und es der Braut schlecht anstünde, nicht einmal mit vollständiger Garderobe in die Ehe zu gehen. Beide Seiten sind bereit, und doch wird ihnen der Stolz zum Hindernis. Nähme die Familie der Braut das Angebot der anderen Seite in eben dem Geist an, in dem es gemacht wurde, so würde man ohne weiteres zum gewünschten Ziel gelangen.
Ganz ähnlich ist die Beziehung zwischen dem Buddha und den Lebewesen. Der Buddha sagt: «Komm.» Warum also nicht zu ihm gehen, wie du bist? Doch hier schüttelt der rebellische Wille den Kopf und sagt: «So gut er es auch meint, ich kann nicht einfach so, wie ich bin, zu ihm gehen; ich muß etwas tun, damit ich den Ruf auch verdiene.» Das ist der Stolz des Ich. Es ist mehr, als der Buddha von dir verlangt; alles Nebensächliche, das nur deiner Selbstüberhebung und deiner beschränkten Philosophie entspringt, verlegt der Barmherzigkeit des Buddha den Weg in dein Herz. Nicht mehr ist von dir verlangt, als deine Hand auszustrecken, in die der Buddha die Münze der Erlösung zu legen bereit ist. Der Buddha winkt dir, das Boot liegt bereit, dich ans andere Ufer zu tragen, kein Fährlohn wird verlangt – du hast nichts weiter zu tun, als einfach einzusteigen. Kannst du da noch sagen: «Das ist eine schwierige Aufgabe»? Warum also stellst du dich nicht ganz und gar dem Erlösungsgelübde des Buddha anheim und läßt seinem Willen den Vorrang vor deinem?*

Molinos schreibt an Petrucci:

Eine der Grundregeln, die mir dazu dienen, meine Seele in beständigem inneren Frieden zu halten, ist diese: Ich darf keine Begierde nach diesem oder jenem besonderen Gut

* Aus den «Aussprüchen» Shūsons, eines neuzeitlichen Lehrers des Shin-Buddhismus, 1788–1860. Kompiliert von Gessho Sasaki, 1907.

hegen*, nur nach jenem Gut, das von allen das höchste ist, und ich muß bereit sein zu allem, was dieses höchste Gut mir gibt oder von mir verlangt. Dies sind nur ein paar Worte, doch sie enthalten viel.**

Fragte man einen Shin-Lehrer nach ein paar Worten, die soviel enthalten, daß sie uns dem höchsten Gut öffnen, er würde sofort sagen: «Na-mu-a-mi-da-bu-tsu, Na-mu-a-mi-da-bu-tsu.» Das ist in der Tat ein «Sesam-öffne-dich», das einen direkt in einen Bereich jenseits von Geburt und Tod trägt.

NICHTWISSEN UND PASSIVITÄT

Ein kennzeichnender Zug religiöser Erfahrung ist in diesem Zusammenhang die beharrlich vertretene Anschauung, der Wahrheits- oder Gottsucher müsse alles preisgeben, was er an Wissen und Gelehrsamkeit besitzt. Dies finden wir im Christentum ebenso wie im Buddhismus und hier wiederum in der Reines-Land-Schule ebenso wie in der Heiliger-Pfad-Schule.

Es ist kein Wunder, daß religiöse Erfahrung und intellektuelle Erkenntnis als so gegensätzlich gesehen werden, denn es ist eine uralte Gewißheit, daß nicht intellektuelle Raffinesse uns Zugang zum Reich Gottes verschafft, sondern daß wir dazu werden müssen wie die Kinder – demütig im Herzen und einfältig im Denken. Eitelkeit, Einbildung und Eigenlie-

* Daß katholische Mönche ihren Oberen absoluten Gehorsam geloben, ist ebenfalls ein Ausdruck der Passivität im religiösen Leben. Wenn ein Mensch sich zu einem Leben des Gehorsams verpflichten kann, ist die Last der Selbstverantwortung in einem gewissen Maß von ihm genommen, und dies ist einem Gefühl von echtem Frieden immerhin verwandt.

** Miguel de Molinos: *Spiritual Guide*; aus der Einleitung von Kathleen Lyttleton, S. 25.

be, die zusammen die Selbstgerechtigkeit des Menschen ausmachen, sind wahrlich ein beschmutztes Gewand, das ein jeder von uns abstreifen muß, doch weshalb soll dabei der Intellekt ausgeschaltet werden? Die Seele mag sich nach Alleinsein und Stille sehnen, doch warum wird das ständige Lesen religiöser Bücher so ermüdend? Weshalb sagte Jesus: «Ich preise dich, Vater und Herr Himmels und der Erde, daß du solches den Weisen und Klugen verborgen hast und hast es den Unmündigen offenbart»?

Bonaventura lehrt uns,

> uns keinerlei Vorstellung von irgend etwas zu machen, nicht einmal von Gott, denn es ist Unvollkommenheit und Schwäche, sich mit Darstellungen, Bildern und Definitionen der Gottheit, der Dreieinigkeit, der Einheit, ja der göttlichen Essenz selbst – mögen diese auch noch so feinfühlig, sinnreich und kunstvoll sein – zufriedenzugeben.

Augustinus teilt mit, weshalb alle diese Mittel versagen müssen:

> Herr, ich lief umher wie ein verirrtes Schaf und suchte dich mit bangen Gedanken außen, wo du doch in mir warst. Ich verzehrte mich in diesem Suchen außerhalb, und du wohnst in mir, wenn mich nur nach dir verlangt und durstet. Ich zog umher auf den Straßen und Plätzen der Städte dieser Welt, dich zu suchen. Und ich fand dich nicht, denn vergeblich mußte ich außen den suchen, der in mir war.*

* Beide Zitate aus Molinos, S. 76f. Der sehr persönliche Tonfall ist das, was das Christentum vom Buddhismus unterscheidet. Intensive menschliche Empfindungen werden im Buddhismus nicht in dieser Weise geschildert, auch da nicht, wo man eine tiefe persönliche Beziehung empfindet, zum Beispiel in der Shin-Schule, in der Amida als «Oya-sama» (das ist die japanische Anredeform der Eltern) angesehen

Das intellektuelle Verstehen ist bei religiösen Lehrern nicht besonders angesehen, weil es uns nicht die Sache selbst erschließt, sondern nur Bilder, Erklärungen und Verweise zu bieten vermag; es führt uns weg von uns selbst, und wir verlieren uns im Dickicht endloser Spekulationen und Einbildungen, die uns keinen inneren Frieden verschaffen und unserer spirituellen Beunruhigung nicht abhelfen. Der Intellekt blickt stets nach außen und vergißt das innere Sehen, das den einen wahren Gott schauen kann. In gleicher Weise äußert sich auch Gerson: «Ich habe vierzig Jahre mit Lesen und Beten verbracht und fand doch nichts wirksamer und für den Zugang zur mystischen Theologie direkter, als daß der Geist vor Gott wie ein Kind und ein Bettler werde.»*

Der Buddhismus ist demgegenüber, wie auch die bisherigen Zitate gezeigt haben, eine Religion, die das Nichtwissen (*avidyā*) aufzuheben trachtet. Vom Unwissenden (*bāla*), Verwirrten (*bhrānti*) und Einfältigen (*prithagjana*) heißt es in den Sūtras, sie seien nicht fähig, die tiefsten Wahrheiten der Erleuchtung zu erfassen.

Der Buddhismus ist insgesamt stärker intellektuell ausgerichtet als das Christentum, und wo es im Christentum darum geht, von der Liebe des Allerhöchsten umfangen zu werden, spricht der Buddhismus von der grundlegenden Leerheit des Daseins und von der Notwendigkeit, diese Leerheit unmittelbar zu erfassen. Doch zu diesem unmittelbaren Erfassen tragen intellektuelle Bemühungen ebenso wenig bei wie zum Aufgehen in der Liebe, und so gilt auch im Buddhismus, daß alles ichbezogene Streben und alle vorgefaßten metaphysischen Standpunkte aufgegeben werden müssen. Es gilt, das Bewußtsein absolut rein zu halten, in einem Zustand vollkommener Neutralität oder Unbesetztheit; anders gesagt, der Geist muß so einfältig wie der eines

wird. Im Zen findet man dergleichen überhaupt nicht, denn hier ist alles auf die Transzendierung des Persönlichen ausgerichtet.

* Molinos, S. 72.

Kindes werden, frei von papiernem Wissen und von Hochmut.

Hōnen Shōnin (1133–1212) schildert in seiner «Ein-Blatt-Urkunde», welche Haltung die Reines-Land-Schule gegenüber Nichtwissen und Einfalt einnimmt:

> Mit dem Nembutsu meine ich nicht die Meditation über den Buddha, von der die Weisen Chinas und Japans sprechen; es ist auch nicht die Rezitation des Buddha-Namens, die eine Ergründung der Bedeutung des Nembutsu zur Voraussetzung hat. Ich meine vielmehr: Einfach den Namen Amidas rezitieren, ohne einen Zweifel daran, daß dies zur Wiedergeburt des Glaubenden im Reinen Land führen wird. Einfach nur dies, und darüber hinaus sind keine Erwägungen nötig. Die Rede ist häufig vom dreifältigen Herz und den vier Arten der Übung, doch die sind einbegriffen in den Glauben, daß die Wiedergeburt im Reinen Land allein schon durch das «Namu Amida Butsu» gesichert ist. Stellt man sich darüber hinaus noch etwas vor, so wird man nicht teilhaben am Segen der beiden Heiligen Buddhas Amida und Shākyamuni und wird nicht eingeschlossen sein in das ursprüngliche Gelübde. Die an das Nembutsu glauben, wie bewandert sie auch in den Lehren Shākyamunis sein mögen, sollten sich wie Unwissende verhalten, wie eine einfältig gläubige Frau. Meidet die Genauigkeit in Nebensachen, und rezitiert in vollkommener Herzenseinfalt den Namen des Buddha.

Als Schüler Hōnens äußert sich Shinran Shōnin (1173–1262) in seinem *Tannishō* ganz ähnlich:

> [Manche sagen], die Erlösung jener, die nicht die Sūtras und Kommentare lesen, sei ungewiß. Eine Anschauung wie diese muß man als der Wahrheit sehr fern betrachten. All die heiligen Texte, die die Erklärung der Wahrheit von

der Kraft des anderen zum Gegenstand haben, machen deutlich, daß jeder, der im Glauben an das Urgelübde des Nembutsu rezitiert, ein Buddha werden wird. Was brauchte man darüber hinaus an Gelehrsamkeit, um im Reinen Lande wiedergeboren zu werden? Mögen alle, die über diesen Punkt Zweifel haben, eifrig lernen und studieren, damit sie die Bedeutung des Urgelübdes verstehen. Sehr bedauerlich ist, daß manche trotz eifrigen Studiums der heiligen Bücher nicht in der Lage sind, den wahren Sinn der heiligen Lehre zu erfassen. Man bezeichnet diese Übung des Nembutsu als «leicht», weil der Name so geformt ist, daß er auch von jedem einfältigen Menschen rezitiert werden kann, auch wenn er vielleicht nicht einen einzigen Satz in den heiligen Büchern versteht.

Daß auch im Zen, einer Schule der Heiliger-Pfad-Richtung des Buddhismus, Gelehrsamkeit und Sūtra-Studium keine besondere Rolle spielen, sieht man schon an der Art und Weise, wie Hui-Neng (E'nō), der sechste Patriarch des Zen, in den Geschichtswerken dargestellt wird. Um ihn von seinem Rivalen Shen-hsiu (Jinshū) abzuheben, der in der Mönchsgemeinschaft im Kloster des fünften Patriarchen um seine Gelehrsamkeit beneidet wurde, machte man aus ihm einen ungebildeten Brennholzhändler. In die gleiche Richtung zielt einer der wichtigsten Wahlsprüche des Zen: Macht euch unabhängig von den Schriften!

Wer sich mit den Schriften des Zen befaßt hat, weiß recht gut, welche Haltung das Zen gegenüber Gelehrsamkeit und intellektuellem Verständnis einnimmt. Wir finden in der Literatur unzählige Stellen wie die folgenden: «Ich habe nicht ein Wort, das ich dir als die Lehre des Zen sagen könnte»; «Ich habe in diesen neunundvierzig Jahren meines Lehrens nicht eine einzige Silbe geäußert»; «Soweit dein Buchwissen – zeig mir, was du in dir selbst gefunden hast»; «Was willst du mit deinem Sūtra-Lesen anfangen, da es doch mit deinem inneren

Sein nichts zu tun hat?»; «Bei all deiner Belesenheit – denkst du, du kannst es mit dem Tod aufnehmen?»; «All die Sūtras und Kommentare, die du so ehrfürchtig studiert hast – sind sie nicht Unrat, mit dem man Schmutz abwischen will?»

Daß der Unwissenheit oder Einfalt ein so hoher Wert für die religiöse Erfahrung beigemessen wird, liegt vielleicht an der Natur des Intellekts selbst: Da er seinem Wesen nach dualistisch ist, bedarf er eines Bezugspunkts, von dem aus er seine Aussagen macht, seine Argumente vorbringt und seine Urteile fällt.

Solche Setzungen und das Festhalten an ihnen sind der religiösen Ausrichtung fremd, denn diese besteht vor allem darin, das Dasein anzunehmen, wie es ist – ohne Fragen, ohne Einwände, ohne Zweifel. Religiöse Erfahrung schlägt sich in schlichten, unkomplizierten, geradlinigen Aussagen nieder, die sich mit dialektischen Spitzfindigkeiten gar nicht erst abgeben. Mystische Intuition, einerlei, ob sie mehr von der Zen-Art oder mehr von der Shin-Art ist, gedeiht am besten in einem Bewußtsein, das nicht an Lieblingsideen haftet, vor allem nicht an solchen, die aus Büchern stammen. Wenn der Spiegel des Bewußtseins von allem intellektuellen Wirrwarr gereinigt ist, kann er, wie ein Christ sagen würde, die Herrlichkeit und Liebe Gottes widerspiegeln. Deshalb gehen Nichtwissen und Einfalt Hand in Hand mit der Passivität.

NICHT-ICH UND LEERE

Philosophisch gefaßt, ist das, was wir hier Passivität nennen, die Anātman- oder Nicht-Ich-Lehre, die sich weiterentwikkelt zur Lehre von Shūnyatā, der Leere oder Leerheit. Wie ich an anderer Stelle aufgezeigt habe, ist die Lehre von der Nicht-Substanzhaftigkeit des Ich keineswegs so nihilistisch, wie sie einen Nichtbuddhisten anmuten mag; diese Verneinung des Ego finden wir auch bei den christlichen Mystikern mit dem gleichen Nachdruck vertreten. Wenn Bernard von Clairvaux aus dem Buch Jesaja (10,15) zitiert: «Mag sich auch eine Axt rühmen wider den, der damit haut? oder eine Säge trotzen wider den, der sie zieht? Als ob die Rute schwänge den, der sie hebt; als ob der Stecken höbe den, der kein Holz ist», und daraus schließt, daß «die Fähigkeit, sich Gottes zu freuen, allein von Gott kommt» – können wir dann nicht etwas weiter gehen und sagen: «Gott ist alles in allem, es gibt keine Ego-Substanz», oder: «In ihm leben und wirken wir und haben unser Sein, und daher ist alles relative Dasein als solches leer (*shūnya*) und ungeboren (*anutpanna*)»? Logisch betrachtet, sind die Buddhisten direkter, radikaler und konsequenter bei der Entwicklung dieses Themas.

In der *Theologia deutsch*, einer anonymen mystischen Schrift aus dem späten vierzehnten Jahrhundert, lesen wir:

> Man soll es so verstehen, als ob Gott spräche: Wer ohne mich will oder nicht will als ich oder anders als ich, der will wider mich, denn mein Wille ist, daß niemand anders wollen soll als ich und ohne mich. Und ohne meinen Willen soll kein Wille sein, gleichwie ohne mich weder Wesen noch Leben ist, weder dies oder das, so soll auch kein Wille sein ohne mich und ohne meinen Willen.*

Übersetzen wir dies in die Sprache der buddhistischen Psychologie, so lautet es: «Ich bin nirgends ein Etwas, für wen auch immer; und nirgends ist da für mich eine Etwasheit, von wem auch immer.» Oder in den Worten des *Visuddhimagga* (Kap. XVI):

> Nur das Leiden existiert, kein Leidender,
> kein Täter ist da – nichts als die Tat ist zu finden.

* Herausgegeben und eingeleitet von Gerhard Wehr, Freiburg/Br. 1980, S. 126 (44. Kapitel).

Nirvāna ist, doch nicht der Mensch, der es sucht.
Der Pfad ist vorhanden, doch nicht der, der ihn geht.

Wir dürfen nicht vergessen, daß die vom Buddha formulierte Lehre vom Anātman (Pāli *anatta*) nicht aus psychologischer Analyse erwachsen ist, sondern aus religiöser Intuition, an welcher der diskursive Verstand keinerlei Anteil hat. Unmittelbare persönliche Erfahrung hatte offenbart, was geschieht, wenn das Herz von allen gewöhnlichen Impulsen und Begierden des Ego geläutert ist: Nichts bleibt übrig, was als Kern oder Substanz des Ego auftreten könnte. Gewiß, die Lehre war ein Produkt der buddhistischen Philosophie, doch was dieser Philosophie die Fakten lieferte, war die buddhistische Erfahrung, und die Erfahrung bleibt stets das Kriterium der Gültigkeit einer Lehre. Diese Wahrheit sollten wir stets im Auge behalten, daß Religion bei der Erfahrung ansetzt und erst dann philosophiert und daß die Kritik an solch einer Philosophie sich auf Erfahrungstatsachen gründen muß und nicht bei der so formulierten Philosophie selbst ansetzen kann.

Auch die Shūnyatā-Lehre ist die sprachliche Umschreibung einer religiösen Intuition und nicht die abstrakte Formulierung leerer Ideen. Wie hätte sie sonst zum Fundament aller Schulen des Mahāyāna-Buddhismus und zu einer so inspirierenden Kraft für das religiöse Bewußtsein seiner Anhänger werden können? Ich habe diesen Gegenstand recht ausführlich in meinen *Studies in the Lankāvatāra Sūtra* behandelt und will an dieser Stelle nur wiederholen, daß Shūnyatā, gemeinhin als «Leere» oder «Leerheit» übersetzt, nicht unter dem Gesichtspunkt der relativen Erkenntnis und der logischen Analyse betrachtet werden darf, sondern als Ausdruck der direkten Einsicht in die Natur des Daseins aufzufassen ist. Was sich an Philosophie um diesen Begriff gerankt hat, ist eine spätere Entwicklung, das Werk buddhistischer Gelehrter.

PASSIVITÄT UND GEDULD ODER DEMUT

Wie wir gesehen haben, eignet dem Passivismus auf der einen Seite eine Neigung zu Freigeisterei und Sittenlosigkeit; auf der anderen Seite zeigt er sich erhaben über alle menschlichen Belange. Es gibt jedoch auch praktische moralische Tugenden, die aus der Erfahrung der Passivität hervorgehen und für das religiöse Leben überhaupt kennzeichnend sind.

Der Buddhismus kennt sechs solcher Tugenden, die sogenannten Pāramitās oder «Vollkommenheiten»: Gebefreudigkeit (*dāna*), Sittlichkeit (*shīla*), Geduld oder Demut (*kshānti*), entschlossenes Bemühen oder Energie (*vīrya*), Meditation (*dhyāna*) und Weisheit oder intuitive Erkenntnis (*prajñā*). Die beiden letzten, Meditation und intuitive Erkenntnis, stehen in keiner unmittelbaren Beziehung zur Passivität, und wir werden hier nicht auf sie eingehen. Auch die ersten beiden, obwohl sie sehr wichtig sind, vielleicht sogar die Summe des mahayanistischen Lebens, sollen uns im gegenwärtigen Zusammenhang nicht so sehr interessieren. Ich möchte hier jedoch zwei klassische Fälle von Kshānti (Geduld) und Vīrya (Energie) betrachten, die meiner Ansicht nach sehr eng verbunden sind mit dem Leben der Passivität und der Shūnyatā-Philosophie. Daß Kshānti, die Geduld, etwas mit Passitivät zu tun hat, leuchtet uns vielleicht ohne weiteres ein, aber Vīrya, Energie, scheint doch eher das Gegenteil des demütigen Erduldens zu sein. Wie sollen Energie und das Prinzip der Passivität und Leerheit miteinander zu vereinbaren sein?

Dies ist ein sehr wesentlicher Punkt im Leben des Mahāyāna-Buddhisten und in den Lehren des *Prajñāpāramitā-Sūtra*. Diese Lehren besagen nämlich unter anderem, daß gerade die Leerheit der Dinge eine unerschöpfliche Energiequelle erschließt; stünde «hinter» unserem Dasein noch etwas, so könnte kein Mensch eine solche Energie entwickeln, wie wir sie etwa beim Bodhisattva Sadāprarudita sehen. Eben diese Energie nun ermöglicht Geduld und Demut. Kshānti zu üben, heißt also nicht, einfach nur alles Leiden hinzunehmen, das einem auferlegt wird; es heißt vielmehr, in einem Leben der Leere die Tugend des energischen Bemühens (*vīrya*) zu üben, und das ist nichts anderes als das, was alle Mahāyāna-Sūtras als Bodhisattvacharyā – das Leben des Bodhisattva – bezeichnen. So lesen wir im *Diamant-Sūtra:*

> O Subhūti, zu der Zeit, als Kalirāja mir das Fleisch von allen Gliedmaßen schnitt, besaß ich keine Vorstellung von einem Ich oder einer Person oder einem Sein oder einem Lebewesen; ich besaß weder eine Vorstellung noch eine Nicht-Vorstellung. Und warum? Hätte ich, Subhūti, zu der Zeit eine Vorstellung von einem Ich oder einer Person oder einem Sein oder einem Lebewesen gehabt, so hätte ich auch eine Vorstellung von Feindseligkeit gehabt. Denn, Subhūti, ich erinnere mich an die letzten fünfhundert Geburten, da ich ein Rishi Kshāntivādin war. Zu der Zeit besaß ich ebenfalls keine Vorstellung von einem Ich, von einer Person, von einem Sein, oder einem Lebewesen . . .*

Ohne wirkliche Durchdringung dessen, was mit «Leere» gemeint ist, kann es im Leben eines Mahāyāna-Buddhisten keine echte Geduld und Passivität geben, und in diesem von Energie getragenen Leben gibt es kein Ermüden bei der Suche nach dem höchsten Gut. Shūnyatā, Kshānti und Vīrya sind nicht voneinander zu trennen. Die Geschichte des Bodhisattva Sadāprarudita wirft einiges Licht auf diesen Zusammenhang, weshalb ich sie im folgenden Abschnitt ausführlich vorstellen möchte.**

* «Sacred Books of the East» XLIX, S. 127 f.

** *Ashtasāhasrikā-Prajñāpāramitā-Sūtra,* Kap. XXIX–XXXII.

DIE GESCHICHTE VON SADĀPRARUDITA

Der Buddha sprach zu Subhūti: Wenn du wirklich die Prajñāpāramitā begehrst, solltest du tun wie der Bodhisattva Sadāprarudita, der gegenwärtig unter dem Tatāgata Bhīshmagarjitanirghoshasvara das Leben eines Bodhisattva führt. Als er zutiefst entschlossen war, die Prajñāpāramitā zu verwirklichen, erscholl eine Stimme vom Himmel und sprach: «Wenn du dich ostwärts wendest, findest du Gelegenheit, der Prajñāpāramitā zu lauschen. Laß aber, während du unterwegs bist, alle Gedanken von Ermüdung, Schläfrigkeit, Essen und Trinken, Tag und Nacht, Kälte und Hitze fahren. Kümmere dich nicht um Dinge dieser Art, wende keinen Gedanken an sie. Laß Schmeichelei hinter dir, hege weder Selbstgefälligkeit noch Hochmut, befreie dich von der Vorstellung eines Wesens, von dem Verlangen, dir einen Namen zu machen oder Reichtum anzuhäufen. Mache dich frei von den fünf Hemmnissen und vom Neid, sprich keine dualistischen Anschauungen von Subjekt und Objekt, innen und außen und so weiter aus. Während du gehst, wende dich weder nach rechts noch nach links, denke nicht an die Himmelsrichtungen, an vorn oder hinten, oben oder unten. Laß dich nicht verwirren durch deine Form (*rūpa*), dein Empfinden (*vedanā*), deine Wahrnehmung (*samjñā*), deine inneren Formkräfte (*samskāra*) und dein Bewußtsein (*vijñāna*). Warum nicht? Weil einer, der sich dadurch verwirren läßt, nicht zum Leben eines Buddhisten unterwegs ist, sondern zu Geburt und Tod, und die Prajñāpāramitā wird er niemals erlangen.»

Als Sadāprarudita diese Stimme vom Himmel gehört hatte, sagte er: «Ich will fürwahr so handeln, wie mir gesagt wird, denn mein Wunsch ist es, alle Wahrheiten des Buddhismus in mir zu versammeln und dadurch allen Lebewesen ein Licht zu werden.» Die geheimnisvolle Stimme klärt den Bodhisattva weiter auf über die mahayanistische Weltsicht, über die Notwendigkeit des absoluten Vertrauens gegenüber der

Prajñāpāramitā-Lehre und über die Machenschaften des Versuchers, der einem ernsthaften Wahrheitssucher in den verschiedensten Gestalten erscheint, und so weiter.

Sadāprarudita macht sich auf seine Pilgerschaft nach Osten, doch schon nach kurzer Strecke kommt ihm der Gedanke: «Warum habe ich die Stimme nicht gefragt, wie weit nach Osten ich gehen soll und von wem ich über Prajñāpāramitā hören werde?» Bei diesem Gedanken erfaßte ihn jäh ein solcher Schmerz über seine Dummheit, daß er nicht wußte, was er tun sollte, und ganz in Schmerz und Selbstvorwürfen versank. Doch war er entschlossen, an dieser Stelle zu verharren, wie lang es auch sein mochte, wenn es ihm nur vergönnt sein würde, noch einmal einen Rat vom Himmel zu erhalten. Er fühlte sich wie jemand, der sein einziges Kind verloren hatte, und es war nichts anderes als dieser Wunsch in ihm, über sein weiteres Vorgehen unterrichtet zu werden, als plötzlich eine Gestalt, die wie der Tathāgata aussah, vor ihm erschien und sprach:

«Sehr gut, Sadāprarudita, alle Buddhas der Vergangenheit haben so gehandelt wie du, wenn sie mit ganzem Verlangen darauf ausgerichtet waren, die Prajñāpāramitā zu verwirklichen. Geh fünfhundert Yojanas weit nach Osten; dort wirst du in eine Stadt namens Gandhavatī kommen, die aus drei Arten kostbarer Steine erbaut und überaus prachtvoll ausgeschmückt ist. In dieser Stadt gibt es eine erhöhte, weite Terrasse, und dort steht der herrliche Palast eines Bodhisattva namens Dharmodgata. Eine große Menge von Göttern und Menschen ist dort versammelt, und sie alle sind begierig, den Darlegungen des Bodhisattva über Prajñāpāramitā zu lauschen.

Sadāprarudita, er ist der Lehrer, und durch ihn wirst du zum Verständnis der Prajñāpāramitā gelangen. Setze deshalb deinen Weg nach Osten fort, bis du die Stadt erreichst. Verhalte dich so, als wärst du von einem Giftpfeil durchbohrt, gib keinem anderen Gedanken Raum, als ihn so schnell wie möglich aus deinem Fleisch gezogen zu bekommen. Raste nicht, bis du vor deinen Lehrer trittst, den Bodhisattva Dharmodgata.»

Als Sadāprarudita diesen Worten lauschte, trat er in einen Zustand der Verzückung ein, in dem er die innere Verfassung aller Buddhas mehr oder weniger deutlich sah. Als er aus seinem Samādhi wieder hervortrat, verschwanden urplötzlich all die Buddhas, die vor ihm erschienen waren. Nun quälte ihn eine neue Frage: «Woher kamen diese Buddhas? Wohin gingen sie?» Er war traurig, doch sein Entschluß, den Palast Dharmodgatas zu erreichen, war fester denn je.

Er mußte jedoch an die Opfergaben* denken, die er seinem Lehrer darzubringen hatte. Er war arm und wußte nicht, wie er solche Gaben beschaffen sollt. Doch das schreckte ihn nicht ab, und er dachte bei sich: «Ich habe viele Geburten erlebt, und immer von Selbstsucht getrieben, habe

* Gemäß dem buddhistischen Ideal, alles aufzugeben, was zu einem selbst gehört, bringen Buddhisten denjenigen, die ihre spirituelle Entwicklung fördern, Opfergaben dar. Opfergaben sind also nicht dazu da, den Empfänger zu erfreuen oder günstig zu stimmen – denn was sollte etwa der Buddha mit all den materiellen Kostbarkeiten, den Musikinstrumenten und Himmelsjungfrauen anfangen? Das Opfern dient dem Wohl des Gebenden. Geschieht es im Geist echter Selbstlosigkeit, so nimmt der Buddha das Opfer an. Von einem bekannten Zen-Meister des Klosters Engaku-ji in Kamakura, der in der Tokugawa-Zeit lebte, wird eine Geschichte erzählt, die den Sinn des Gebens im Buddhismus verdeutlicht. Das Kloster mußte renoviert werden, und ein reicher Kaufmann, der zu den Bewunderern des Meisters zählte, offerierte eine großzügige Summe für diese Arbeiten. Der Meister nahm das Geld ohne alle Gemütsbewegung entgegen, legte es weg und äußerte nicht ein Wort des Dankes. Dem Kaufmann gefiel das gar nicht, er erklärte, daß diese Summe ihm durchaus an die Substanz ginge und ein echtes Opfer darstelle und vielleicht doch einer kleinen Geste der Anerkennung seitens des Meisters würdig sei. Der Meister sagte mit ruhiger Stimme: «Weshalb soll ich Euch danken für ein Verdienst, das Ihr um Eurer selbst willen erworben habt?» Opfergaben müssen also Selbstopfer sein, Ausdruck der Bereitschaft, das eigene Ich aufzugeben.

ich nie Taten der Güte und Reinheit getan, die mich vor den Qualen der Höllen bewahren könnten.»

Als er in eine größere Ortschaft kam, ging er auf den Markt und bot sich mit lauter Stimme selbst zum Verkauf an. Der Versucher hörte das und eilte herzu, um die Bewohner der Stadt von ihm fernzuhalten, denn er, Māra, fürchtete, Sadāprarudita könne sein Ziel erreichen und später andere Menschen zur Verwirklichung der Prajñāpāramitā führen. Da war jedoch die Tochter eines reichen Hausherrn, bei der Māras Künste versagten.

Als Sadāprarudita keine Antwort auf seine Rufe erhielt, fühlte er sich tief gedemütigt und dachte: «Wie schwer meine Sünde ist! Nicht einmal, wenn ich mich selbst um der vollkommenen Erleuchtung willen opfern möchte, ist jemand bereit, mir weiterzuhelfen.» Einer jedoch hörte ihn, Shakradevendra, der oberste der Götter, und er faßte den Plan, die Aufrichtigkeit dieses Wahrheitssuchers auf die Probe zu stellen. Er nahm die Gestalt eines Brahmanen an und erschien vor Sadāprarudita. Er erkundigte sich nach dem Grund seiner Klagen und sagte: «Ich möchte deine Person nicht erwerben, aber ich möchte ein bestimmtes religiöses Ritual ausführen und brauche dazu Herz, Blut und Mark eines Menschen. Würdest du mir diese überlassen?» Sadāprarudita war überglücklich, denn hier bot sich die Gelegenheit, doch noch Opfergaben für seinen Lehrer zu bekommen und dann dessen Darlegungen über Prajñāpāramitā lauschen zu dürfen. Sogleich bot er dem Brahmanen alles, was dieser haben wolle, und zu jedem Preis, wie gering er auch sei.

Der Brahmane zog ein scharfes Messer, brachte Sadāprarudita am rechten Arm einen Schnitt bei und entnahm soviel Blut, wie er für seinen Zweck brauchte. Als er sich eben über das rechte Bein des armen Opfers hermachen wollte, um an das Mark zu kommen, trat die Tochter des reichen Hausherrn dazwischen, die von ihrem Zimmer aus zugeschaut hatte. «Herr», rief sie, «was hat das alles zu bedeuten?» Sadāprarudita erklärte es ihr. Erschüttert von soviel Selbstlosigkeit, versprach sie ihm, die Opfergaben zu beschaffen, die er für sein Vorsprechen bei Dharmodgata brauchte.

Da nahm der Brahmane wieder seine eigentliche Gestalt an und sprach zu Sadāprarudita: «Vortrefflich, fürwahr, Sohn aus guter Familie! Jetzt bin ich von deiner Hingabe an den Dharma überzeugt. Von solcher Ergebenheit waren auch alle Buddhas der Vergangenheit, wenn sie sich noch auf der Suche nach der Prajñāpāramitā befanden. Ich hatte nichts weiter im Sinn als zu sehen, wie ernst es dir damit ist. Wie kann ich dich nun für den erlittenen Schmerz entschädigen?»

Sadāprarudita sagte: «Gib mir vollkommene Erleuchtung.»

Der Gott bekannte, daß es ihm nicht möglich sei, so etwas als Geschenk zu geben, und so erbat sich Sadāprarudita die Wiederherstellung seines Körpers. Dieser Wunsch wurde sogleich gewährt, und Shakradevendra verschwand. Die Tochter des reichen Herrn nahm ihn mit in ihr Haus und stellte ihn ihren Eltern vor. Auch sie zeigten sich sehr bewegt und erlaubten ihrer Tochter, mit ihm zu ziehen. Reiche Opfergaben aller Art wurden bereitgestellt, und von fünfhundert Dienerinnen begleitet, machten sie sich ostwärts zur Stadt Gandhavatī auf.

Endlich erreichten sie die Stadt und sahen den Bodhisattva Dharmodgata, wie er den Dharma darlegte. Shakradevendra grüßte die Schar der Wahrheitssucher, als sie sich näherte, und vollführte allerlei Zauber an einer kleinen Schatztruhe. Dieses Schatzkästlein, so hieß es, enthalte die Prajñāpāramitā, und niemand dürfe es öffnen, denn es sei von Dharmodgata siebenfach versiegelt. Opfergaben wurden dem Schatzkästlein dargebracht.

Im Palast erwiesen Sadāprarudita, die Tochter des reichen Herrn und die fünfhundert Dienerinnen dem Bodhisattva Dharmodgata ihre Ehrerbietung; unter den Klängen von Musik wurden Opfergaben dargebracht, Blumen, verschiedenerlei Räucherwerk, Halsschmuck, Banner, Baldachine, Gewänder, Gold, Silber, Edelsteine und andere Dinge. Sadāprarudita erzählte von seinem Anliegen und von dem, was ihm unterwegs nach Gandhavatī begegnet war; er sprach von seinem Wunsch zu erfahren, woher die Buddhas, die ihm erschienen waren, gekommen und wohin sie anschließend verschwunden seien, denn es verlangte ihn, stets in ihrer Gegenwart zu weilen.

Dharmodgata antwortete: «Nirgendwoher kommen die Buddhas und nirgendwohin gehen sie. Warum? Weil alles seine Soheit hat und darin unbewegt ist, und diese Soheit ist nichts Geringeres als der Tathāgata selbst. Am Tathāgata ist kein Gehen, kein Kommen, keine Geburt, kein Tod, denn die letzte Wirklichkeit kennt weder Kommen noch Gehen, und diese Wirklichkeit ist der Tathāgata selbst. Die Leere kennt weder Kommen noch Gehen, und diese Leere ist der Tathāgata selbst. Gleiches kann man sagen über die Soheit (*yathāvatta*), das Nicht-Anhaften (*viragata*), das Aufhören (*nirodha*) und den Raum, und auch diese gehören dem Tathāgata an. Außerhalb all dieser Dharmas, o Sohn aus guter Familie, gibt es keinen Tathāgata. Sie sind wie der Tathāgata alle von der einen Soheit, die weder zwei noch drei ist, ja über allen Zahlen und nirgends zu erlangen.

Gegen Ende des Frühjahrs, wenn die Hitze kommt, erscheint eine Luftspiegelung auf den Feldern, die von den Unwissenden für eine Wasserfläche gehalten wird. Woher, Sohn aus guter Familie, glaubst du, daß diese flüchtige Erscheinung kommt – vom Ostmeer, vom Westmeer, vom Nordmeer oder vom Südmeer?»

Sadāprarudita erwiderte: «In diesem Trugbild ist kein wirkliches Wasser, wie sollten wir da von einem Woher oder Wohin sprechen? Die Unwissenden sehen Wasser, wo in Wirklichkeit keines ist.»

«So ist es auch mit dem Tathāgata», fuhr Dharmodgata fort. «Heftet sich ein Mensch an seinen Körper, seine Gestalt und Stimme und fängt an, über deren Woher und Wohin nachzudenken, so ist er wie der Tor, dem es an Einsicht mangelt, so daß er richtiges Wasser sieht, wo nur eine Luftspiegelung ist. Warum? Weil man bei keinem Buddha annehmen darf, er habe diesen materiellen Körper; sie alle sind der Dharma-Körper, und der Dharma kennt in seiner Essenz kein Woher und Wohin.

Sohn aus guter Familie, es ist auch wie bei diesen von Zauberkraft erzeugten Gestalten und Dingen, seien es Elefanten, Pferde, Streitwagen oder Fußsoldaten – sie kommen nirgendwoher und gehen nirgendwohin. Oder wie mit jenen Tathāgatas, die einem Menschen im Traum erscheinen, einer oder auch zwei, zehn, zwanzig, fünfzig, hundert, ja mehr als hundert an der Zahl; erwacht er aus seinem Traum, so sieht er nicht einen von ihnen.

Alle Dinge sind wie ein Traum, ohne wirkliche Substanz. Doch da die Unwissenden dies nicht erkennen, haften sie an Formen, Namen, Körpern, Worten und Wendungen; sie glauben, dieser oder jener Buddha trete ins Sein und verlasse es dann wieder. Sie begreifen weder die wahre Natur der Dinge noch die der Buddhas. Sie werden sich wiederverkörpern auf den sechs Pfaden des Daseins, getrennt von der Prajñāpāramitā, getrennt von allen Lehren des Buddhismus. Nur wer die Natur der wahren Wirklichkeit (*dharmatā*) erfaßt, entschlägt sich aller unterscheidenden Gedanken über das Woher und Wohin des Tathāgata. Ein solcher lebt die Prajñāpāramitā, er erlangt vollkommene Erleuchtung, er ist wahrhafter Nachfolger des Buddha, der Verehrung anderer würdig, ein Quell des Segens für die Welt.

Sohn aus guter Familie, es ist wie mit jenen Schätzen im Meer, die nicht von Osten, von Westen, von Süden oder von Norden gekommen sind und auch nicht von oben oder unten. Sie bilden sich im Meer gemäß den verdienstvollen Taten der Lebewesen. Sie sind nicht unabhängig von der Kette der Verursachung dort, doch wenn sie verschwinden, geschieht dies nicht nach Osten oder Westen oder irgendwohin. Fügen die Voraussetzungen sich richtig zusammen, so entstehen sie, und löst diese Fügung sich auf, so verschwinden sie.

Sohn aus guter Familie, just so ist es auch mit dem Tathāgata-Körper, der kein feststehendes Sein hat. Er kommt nicht aus irgendeiner bestimmten Richtung, existiert aber nicht außerhalb der Kette der Verursachung, denn er ist die Folge früheren Karmas (*pūrvakarmavipāka*).

Und, Sohn aus guter Familie, es ist wie der Klang einer Laute, der gebildet wird vom Zusammenwirken der Zarge, der Bespannung, der Saiten, des Halses und des Spiels der menschlichen Hand. Keiner dieser Teile kann allein den Klang hervorbringen. Nur ihr Zusammenspiel erzeugt den Klang. So geht auch der Tathāgata hervor aus zahllosen verdienstvollen Taten der Vergangenheit, und keine andere Erklärung seines Woher und Wohin ist möglich. Irgendeine einzelne Ursache bewirkt nichts; es müssen etliche von ihnen sein, die sich verbinden und ein Ergebnis hervorbringen. Wenn sie aufhören, gemeinsam zu wirken, verläßt der Tathāgata das Dasein. Da dem so ist, sprechen die Weisen nicht von seinem Erscheinen oder Verschwinden. Mit allen Dingen, nicht nur mit dem Tathāgata, ist es so, daß sie weder Geburt noch Tod haben, weder Kommen noch Gehen. In dieser Weise erreicht man die vollkommene Erleuchtung und verwirklicht man die Prajñāpāramitā.»

Nach dieser Darlegung erzitterte das ganze Universum, auch die Wohnstätten der Götter und der Bösen. Alle Pflanzen blühten zugleich auf, und Shakradevendra und seine vier Wächterkönige ließen einen Blütenregen auf den Bodhisattva Dharmodgata niedergehen. Diese Wunder geschahen, weil die Darlegung des Bodhisattva Dharmodgata über das Woher und Wohin des Tathāgata zahllosen Wesen das Auge des Geistes öffnete und sie zu vollkommener Erleuchtung führte.

Dies beglückte den Bodhisattva Sadāprarudita über die Maßen, denn er war jetzt fester denn je in seinem Glauben an die Prajñāpāramitā und seine Bestimmung, Buddhaschaft zu erlangen. Wieder wurden Dharmodgata Opfergaben dargebracht; er nahm sie an, damit Sadāpraruditas verdienstvolles Handeln vervollständigt werden konnte, und gab sie dann zurück. Dann zog er sich in seinen Palast zurück, den er erst nach dem Ablauf von sieben Jahren wieder verlassen würde, denn es war seine Gewohnheit, für solche Zeiträume in einen tiefen Samādhi einzutreten. Sadāprarudita jedoch war entschlossen, vor dem Palast zu warten, wie lange es auch dauern mochte, denn er wollte abermals der Darlegung über Prajñāpāramitā und die geschickten Mittel (*upāya kaushalya*) lauschen. So sehr ergeben war er seinem Lehrer, daß er sich diese ganze Zeit über nie in ein Bett legte, keine köstlichen Speisen zu sich nahm, sich nie irgendwelchen Sinnenfreuden hingab, sondern nur gespannt darauf wartete, daß Dharmodgata wieder aus seiner tiefen Versunkenheit auftauchte.

Schließlich geschah dies, und Sadāprarudita bereitete den Boden für die Darlegung seines Lehrers, indem er sein eigenes Blut vergoß, denn der Versucher vereitelte seine Bemühungen, Wasser zu holen. Wieder kam jedoch Shakradevendra zur Hilfe, und so waren schließlich doch alle Opfergaben und aller Schmuck bereit. Dharmodgata legte wiederum die Identität aller Dinge dar, also die Prajñāpāramitā, in der weder Geburt noch Tod ist und über die nichts ausgesagt werden kann.

Während Sadāprarudita dieser tiefen Darlegung über die transzendente Natur der Prajñāpāramitā lauschte, verwirklichte er 6 000 000 Samādhis und erlebte die Gegenwart der Buddhas, die zahlreicher waren als der Sand am Ganges und inmitten einer großen Versammlung von Bhikshus die Prajñāpāramitā darlegten. Danach erreichten Weisheit und Wissen des Bodhisattva Sadāprarudita eine für gewöhnliche Sterbliche unvorstellbare Höhe, unendlich weit wie der Ozean; und wohin er auch ging, war er nie von den Buddhas getrennt.

GEBET UND NEMBUTSU

Die christliche Methode, das religiöse Gefühl der Passivität zu erwecken, ist das Gebet: «Wenn aber du betest, so gehe in dein Kämmerlein und schließ die Tür zu und bete zu deinem Vater im Verborgenen; und dein Vater, der in das Verborgene sieht, wird dir's vergelten öffentlich» (Matth. 6,6). Dies empfiehlt der Stifter der christlichen Religion, um das religiöse Bewußtsein in den Zustand des «nicht wie ich will, sondern wie du willst» zu versetzen. Und Thomas a Kempis schließt sich dem ganz einfach an, wenn er sagt:

> Soll dein harter Sinn zerschlagen, dein verschlossenes Herz wieder aufgeschlossen werden, so geh in deine Kammer und laß den Tumult der Welt nicht herein, wie die Schrift sagt: «Redet mit eurem Herzen auf eurem Lager und harret.» In der Zelle wirst du wiederfinden, was du draußen zu oft verlierst.*

Sich in die Einsamkeit zurückzuziehen, um sich dem Gebet (wenn man Christ ist) oder der Meditation (wenn man Buddhist ist) zu widmen, ist eine der Voraussetzungen dafür, daß die Seele Zugang zur wahren Wirklichkeit findet, nach der es sie ja stets verlangt.

H. L. Hubbard gibt in seiner Einführung zu Richard Rolles *The Amending of Life* die Geschichte dreier Mönche wieder, die ihrer Berufung auf verschiedenen Wegen gerecht zu werden trachteten:

> Einer wählte sich den Teil, Frieden unter den Menschen zu stiften, der zweite wollte die Kranken besuchen und der dritte in der Stille der Wüste leben. Als die beiden ersten mit ihren selbstgewählten Aufgaben nicht fertig wurden,

* *Nachfolge Christi*, Kempen 1947, S. 61 f. (Kap. 20.5).

> suchten sie den dritten auf und erzählten von ihren Mißerfolgen. Dieser sagte ihnen, sie sollten beide ein Gefäß mit Wasser füllen und dieses in ein Becken gießen, dann sogleich hineinschauen und ihm berichten, was sie sähen. Nichts sei zu erkennen, lautete ihre Antwort. Als das Wasser still geworden war, ließ er sie noch einmal hineinschauen. Jetzt, sagten sie, sähen sie ihre Gesichter ganz klar im Wasser gespiegelt. «So ist das mit euch und mir», sagte der Einsiedler. «Ihr, die ihr in der Welt lebt, könnt wegen der Geschäftigkeit der Menschen nichts sehen. Ich, der ich in Frieden und Stille weile, kann sowohl Gott als auch die Menschen sehen.»

Offenbar ist Gott in aufgewühltem Wasser nicht zu erkennen. Um es in buddhistischer Terminologie auszudrücken: Solange Jiriki (die Kraft des Ich) sich durchzusetzen versucht, ist in der Seele kein Raum, in den Tariki (die Kraft des anderen) eindringen könnte. W. A. Brown zitiert in seinem Werk *The Life of Prayer* (S. 157) einen katholischen Geistlichen mit den Worten: «Gott möchte das Leben meines Lebens, die Seele meiner Seele, das All meines Seins; er möchte sich selbst in mir verherrlichen und mich in sich selig machen.» Damit dieser Zustand des Geistes eintreten kann, muß «mein» Geist wie ein von allem «Ich-Staub» gesäuberter Spiegel sein; dann kann Gott sich darin spiegeln, und «ich» sehe ihn «von Angesicht zu Angesicht».

Was die spirituelle Schulung angeht, die den Geist darauf vorbereiten soll, schließlich in der *communio* mit Gott die Erfahrung der Passivität zu machen, so scheint die katholische Literatur hier mehr zu bieten als die protestantische. Das ist auch nicht anders zu erwarten, denn der Protestantismus bewertet den Glauben an den Erlösungsplan Gottes höher als jede Form der geistigen Schulung. Im Katholizismus mag eine Neigung zu Formalismus und Ritualismus bestehen, doch seine Exerzitien sind durchaus im angestrebten Sinne wirksam – sofern man keine intellektuellen Schwierigkeiten mit den hier gelehrten Inhalten hat. Mystische Erfahrungen, die im Katholizismus als besondere Gottesgeschenke aufgefaßt werden, erfordern zweifellos Übungen der Art, die hier «Vorbereitung», «Läuterung», «Betrachtung», «Meditation» oder «Kontemplation» genannt werden.

Im Buddhismus ist es die Shin-Schule, die den Glauben höher bewertet als alles andere; infolgedessen gibt es hier auch keine besonderen psychologischen Methoden zur Steigerung der persönlichen Glaubenskraft, nur die Teilnahme an den Lehrvorträgen des Lehrers und das Einzelgespräch mit ihm über zweifelhafte Punkte. Mehr als in jeder anderen Schule des Buddhismus wird hier der Tariki- oder Passivitäts-Aspekt der Erfahrung betont. Im Shin wird uns geraten, nichts Ichhaftes vorzubringen, sondern einfach dem Lehrer zuzuhören und anzunehmen, was er sagt: die Botschaft, wie sie von Shākyamuni her übermittelt wird, denn er war es, der uns als erster vom Urgelübde Amidas berichtete. Der Shin-Buddhismus ist durch und durch eine Passivitätsreligion.

Im Jōdo, der ursprünglichen Form der Reines-Land-Schule, gibt es dagegen eine Vorbereitung des Geistes auf die Erfahrung dessen, was im japanischen Buddhismus Anjin (*an*: Friede; *jin* oder *shin*: Geist, Herz) genannt wird; gemeint ist ein Zustand geistiger Ruhe oder innerer Stille. Es ist das Nembutsu, die Rezitation des Namens Amidas: Namu Amida Butsu (auf Sanskrit *namo 'mitābhāya*) – «Verehrung dem Buddha des Grenzenlosen Lichts». Die Formel ist in der japanischen Lesart oder auch in der chinesischen (*na-mu-o-mi-to-fu*) zu sprechen, nicht aber auf Sanskrit oder in irgendeiner anderen Sprache.

Die Absicht ist hierbei natürlich, von der Gnade Amidas umfangen zu werden; doch die Rezitation seines Namens wirkt sich auch auf den Geist aus, weil sie das Oberflächenbewußtsein gleichsam suspendiert und in der Tiefe des Geistes eine Kraft weckt, die stärker ist als die des Ego. Was auch immer unter metaphysischen Gesichtspunkten über das Nembutsu zu sagen wäre, auf das Bewußtsein jedenfalls wirkt es wie Gebete einer bestimmten Art* und stellt das Bemühen dar, dem Geist, wenn er das Ende seiner Möglichkeiten erreicht hat, ein neues Leben zu erschließen. Das Nembutsu soll also die Kräfte des endlichen Geistes erschöpfen, damit dieser sich, wenn die Grenze erreicht ist, vor etwas niederwirft, das er zwar nicht erkennen kann, von dem er aber weiß, daß es eine unendliche Realität ist.

ZAZEN UND PASSIVITÄT

Im Zen scheint das Prinzip der Passivität nicht vorhanden zu sein. Das Zen gehört entschieden dem Jiriki-Flügel des östlichen Mahāyāna-Buddhismus an und ist intellektuell in dem Sinne, daß es das intuitive Erfassen der Wahrheit über alles

* Der Autor des Werkes *Des Grâces d'Oraison* unterscheidet zwei Hauptkategorien von Gebeten: gewöhnliche und außergewöhnliche oder mystische. Das gewöhnliche Gebet kann man als natürlich bezeichnen, wohingegen das außergewöhnliche übernatürlich ist, denn katholische Theologen behalten das Wort «mystisch» solchen Zuständen vor, die nicht allein durch den menschlichen Willen zustande kommen können. Psychologisch gesehen ist das «Übernatürliche» die Fortsetzung des «Natürlichen», doch unter theologischen Gesichtspunkten ist es natürlich wünschenswert, dem Übernatürlichen eine besondere Sphäre einzuräumen. Am gewöhnlichen Gebet werden vier Grade unterschieden: Das stimmliche Gebet, das eine Rezitation darstellt; die Meditation, die aus einer Kette bestimmter Reflexionen und Argumente besteht; das affektive Gebet, in dem Gemütsbewegungen im Vordergrund stehen; und das Gebet der Einfalt, in dem Intuition an die Stelle von Überlegungen tritt und die Gemütsbewegungen nicht schwanken und in wenigen Worten ausgedrückt werden. Das Nembutsu wäre dieser Terminologie zufolge manchmal stimmliches Gebet, manchmal Gebet der Einfalt und manchmal, wenn der Betende vom Urgelübde Amidas umfangen wird, sogar mystisches Gebet. Der Charakter des Nembutsu ist je nach Veranlagung und Verfassung des Rezitierenden verschieden.

andere setzt. Beinah könnte man sagen, es sei eine Art Philosophie. Doch von innen, von der Erfahrung her gesehen, besteht natürlich kein Gegensatz zu anderen Formen des religiösen Bewußtseins. Diese Erfahrung nun ist nicht identisch mit den Inhalten, die man ihr zuschreiben und den philosophischen Deutungen, die man ihr geben mag, und als Erfahrung besitzt sie doch einen gewissen Anteil an Passivität. Über den Bereich des begrenzten Intellekts hinauszugreifen, das ist nichts, was die Kräfte des Intellekts selbst leisten könnten; wenn es etwas den denkenden Geist Transzendierendes gibt, so muß es etwas Größeres als dieser Geist sein; da aber das Wirken dieses Größeren sich im Geist und durch ihn manifestiert, fällt dem Geist die Rolle der Passivität zu, eine andere Wahl hat er nicht.

Es mag sein, daß das Jiriki-Bewußtsein im Zen zu stark in den Vordergrund gestellt wird, doch das ändert nichts an dem Prinzip, daß der Geist allein durch Erfahrung das realisiert, was ihn übersteigt. «Passiv aktiv» oder «aktiv passiv» – welchen Ausdruck man wählt, hängt mehr von der individuellen Veranlagung als vom Faktum selbst ab, denn das Faktum leiht sich stets alternativen Interpretationen. Um die Haltung des Zen in dieser Frage verstehen zu können, müssen wir über seine Dhyāna-Übung – Tso-ch'an und Zazen, wie sie auf chinesisch und japanisch genannt wird – Bescheid wissen.* «Zen» stimmt nicht genau mit dem indischen Dhyāna überein, obwohl *Zen* die Abkürzung von *Zenna* (chin. *Ch'an-na*) ist und dies wiederum die Transliteration des Sanskritbegriffs *Dhyāna*. Es wird jedoch bei allen diesen Übungsformen die gleiche Körperhaltung eingenommen. Die folgenden Anleitungen eines Zen-Meisters verdeutlichen vielleicht, worum es im Zen geht**:

* Vgl. dazu den Band *Zazen* aus dieser Reihe, S. 132 (Fußn.). Dhyāna wird meist mit «Meditation» übersetzt, doch eigentlich ist es die Übung der geistigen Sammlung, bei der die gewohnten Denkprozesse abgeschnitten werden und das Bewußtsein vollkommen vom Gegenstand der Meditation in Anspruch genommen wird.

** Wer der Autor dieser «Anweisungen» ist, wissen wir nicht, doch man

Der Bodhisattva, der sich in Prajñā schult, soll ein großes erbarmendes Herz in sich erwecken, große universale Gelübde ablegen und in allen Samādhis gründlich bewandert sein, um alle Wesen befreien zu können. Der Bodhisattva sucht Befreiung nicht um seiner selbst willen. Möge er allen äußeren Verstrickungen entsagen und allen weltlichen Tätigkeiten ein Ende setzen, so daß Geist und Körper eins werden und in jeder Lage, ob er sich regt oder sitzt, in vollkommenem Einklang miteinander bleiben. Seine Nahrung soll weder zu reichlich noch zu knapp bemessen sein, sein Schlaf wohlbemessen, nicht zu lang und nicht zu kurz.

Möchte er sich dem Sitzen in Versunkenheit widmen, so soll er sich in einen stillen Raum zurückziehen, dort ein dickes Kissen als Sitz bereitlegen, seine Kleider und seinen Gürtel lockern. Dann nimmt er die rechte Sitzhaltung ein. Er sitzt mit voll überkreuzten Beinen, das heißt so, daß der rechte Fuß auf dem linken Oberschenkel ruht und der linke auf dem rechten Oberschenkel. Manchmal ist auch die leichtere Haltung erlaubt, wobei nur der linke Fuß auf dem rechten Oberschenkel liegt. Danach legt er die rechte Hand mit der Handfläche nach oben auf das linke Bein und in die rechte Hand die linke, wobei die Daumenspitzen sich über den Handflächen berühren.

Nun richtet er den Oberkörper langsam auf, läßt ihn wiederholt nach rechts und links, vor- und zurückschwingen, bis

geht generell davon aus, daß sie von den «Regeln der Meditationshalle» des großen chinesischen Meisters Pai-chang (Hyakujō 720–814) abgeleitet sind, der auch als Begründer der monastischen Tradition des Zen gilt. Die ursprünglichen «Regeln» gingen mit dem Zerfall der T'ang-Dynastie verloren; sie wurden 1103, in der Zeit der Sung-Dynastie, von Tsung-i neu kompiliert. Das Werk, das man heute unter dem Titel *Pai-chang-ch'ing-kuei* kennt, ist eine Neukompilation, die 1265 unter dem Kaiser Taitsu von Yüan angefertigt wurde. Die im vorliegenden Buch zitierten Anweisungen findet man in diesen Werken. Tsung-i muß wohl seinerseits den Text bearbeitet haben, denn wir finden hier einen Hinweis auf Fa-yün Yüan-t'ung, und dieser war sein eigener Meister.

er in gerader Haltung den rechten Sitz gefunden hat. Er wird darauf achten, daß er sich weder nach rechts noch nach links, weder nach vorn noch nach hinten lehnt. Sein Rückgrat ist gerade aufgerichtet, so daß Kopf, Schultern, Rücken und Lenden einander in rechter Weise stützen. Er achte jedoch darauf, daß er nicht zu gerade und starr dasitzt, sonst wird er bald Unbehagen empfinden. – Wichtig ist vor allem, daß Ohren und Schultern, Nase und Nabel jeweils auf einer senkrechten Linie liegen, daß die Zunge dem Gaumen anliegt und Lippen und Zähne festen Schluß haben. Er halte die Augen leicht geöffnet, damit er nicht einschläft.

Wenn man in der Übung fortschreitet, wird die Weisheit dieses Verfahrens offenkundig. Die großen Meister der alten Zeit hielten ihre Augen geöffnet. Yüan-t'ung, der Zen-Meister von Fa-yün, war auch entschieden gegen die Angewohnheit, die Augen zu schließen; diejenigen, die so übten, nannte er «Bewohner der Höhle der toten Gebeine im finsteren Tal». Es liegt darin ein tiefer Sinn, und die Wissenden kennen ihn wohl. Wird die Haltung stabil und der Atem regelmäßig, so wird der Übende ohne Anspannung sitzen können. Er gebe sich nicht mit Gedanken von gut und böse ab. Erwacht ein Gedanke, so richtet sich das Gewahrsein darauf, und wo solches Gewahrsein ist, geht man fehl. Wird die Übung über längere Zeit stetig fortgeführt, verebben störende Gedanken, und ein Zustand des Einsseins stellt sich ein. Dies ist das Vorgehen bei der Zazen-Übung.

Zazen ist der Pfad, der zu Frieden und Glück führt. Daß es so viele Menschen gibt, die krank werden, liegt daran, daß sie sich nicht in der rechten Weise auf die Übung vorzubereiten verstehen. Wenn sie die hier gegebenen Anweisungen ganz verstanden haben, werden sie, ohne sich allzusehr anzustrengen, jene Leichtigkeit des Körpers und Frische des Geistes erlangen, die schließlich die Klärung des Bewußtseins bewirkt. Das Erfassen des Dharma wird den Geist nähren und den Übenden das reine Glück der Stille erfahren lassen.

Besitzt er schon Einsicht von einiger Tiefe, so wird es mit seiner Zazen-Übung sein wie bei einem Drachen, der ins Wasser gelangt, oder wie bei einem Tiger, der sich an der Hügelflanke duckt. Hat er aber noch nichts von sich selbst verwirklicht, so wird seine Übung sein wie das Anfachen des Feuers durch den Wind; viel Anstrengung braucht es da nicht. Möge er sich aber keiner Täuschung hingeben angesichts dessen, was er vielleicht für Verwirklichung seiner selbst hält.

Je tiefer die Sammlung des Geistes wird, desto mehr ist man den Ränken des Versuchers ausgesetzt, die sich in jeder nur erdenklichen Form einstellen, als angenehm oder unangenehm. Deshalb muß das Bewußtsein des Übenden richtig eingestellt und wohl ausgewogen sein, dann wird nichts seinem Fortschreiten in der Übung im Weg stehen. Die verschiedenen Ablenkungen, die der Versucher ersonnen hat, sind im einzelnen abgehandelt im *Leng-yen-Sūtra*, im *T'ien-tai Chih-kuan* und in Kuei-fengs *Buch der Übung und Verwirklichung*. Wer sich gegen unerfreuliche Störungen wappnen möchte, sollte hierüber gut Bescheid wissen.

Möchte der Übende sein Zazen beenden, so möge er langsam und sanft den Körper wiegen und sich still von seinem Sitz erheben. Niemals springe er plötzlich auf. Nach dem Aufstehen soll er stets darauf bedacht sein, die innere Kraft zu halten, die ihm durch sein Zazen zugewachsen ist, so als wachte er über ein Neugeborenes. Dies wird ihm helfen, die Kraft der Sammlung heranreifen zu lassen.

Die Zazen-Übung steht über allem anderen. Wird der Geist nicht in ausreichendem Maße gezügelt, entsteht keine Stille in ihm, und wenn dann ein entscheidender Augenblick sich einstellt, weiß der Übende sich nicht zu helfen. Beim Suchen nach einem kostbaren Stein darf das Wasser nicht aufgerührt sein; die Wellen machen es schwer, ihn zu ergreifen. Laßt die Wasser des Sitzens in Versunkenheit klar und still sein, und das Juwel des Geistes wird ganz von selbst leuchten. Deshalb lesen wir im *Sūtra der Vollkommenen Erleuchtung**: «Prajñā, rein und ohne Fehl, wird durch meditative Versunkenheit hervorgebracht»; und im *Sūtra des Lotos des guten Gesetzes***: «Ziehe dich an einen einsamen Ort zurück und halte deinen Geist in voller Sammlung; laß ihn fest und unbeweglich sein wie der Berg Sumeru.»

Daher wissen wir, daß der sichere Weg zu einer Verwirklichung, die alle weltlichen Belanglosigkeiten hinter sich läßt, durch ein stilles Leben erlangt wird. Allein durch die Kraft der Sammlung konnten manche der alten Meister in die Ewigkeit eingehen, während sie mit überkreuzten Beinen saßen oder aufrecht standen. Viele Unterbrechungen und Fehlschläge sind möglich, selbst wenn man sein Leben einsetzt; um wieviel mehr, wenn Krankheit euch packt! Wie könnt ihr dem Ansturm des Karma standhalten? Ein Lehrer der alten Zeit sagt: «Hast du die Kraft deiner Sammlung nicht stark genug gemacht, um das Lager des Todes zu vernichten, so wirst du wiederkommen müssen mit verblendeten Augen und ohne etwas erreicht zu haben. So wird dein Leben ganz und gar vergeudet sein.»

Liebe Zen-Freunde, seid so gut und lest diese Worte des öfteren, und alles Gute, das [aus der Zazen-Übung] erwächst, wird nicht nur euch, sondern auch anderen zufallen, denn ihr alle werdet so schließlich Erleuchtung erlangen.

DIE FUNKTION DES KŌAN IM ZEN

Wenn gesagt wird, der Buddhismus – Mahāyāna wie Hīnayāna – sei reich an intellektuellen Elementen, so heißt das nicht, daß der Buddhismus der Logik oder Philosophie die wichtigste Rolle für die Entfaltung des religiösen Bewußtseins bei-

* Kap. II.

** Kap. V in Kumārajīvas chinesischer Fassung.

mißt, sondern daß er auf das eigene intuitive Erfassen der letzten Wahrheit mehr Wert legt als auf bloßes gläubiges Hinnehmen der Lehren des Buddha. Und als wichtigste Methode zur Verwirklichung dieses intuitiven Erfassens lehrt er die Meditationspraxis, die man als Dhyāna oder Zazen bezeichnet. Die oben zitierten Anweisungen werden – außer von den Anhängern der Reines-Land-Schule – von allen Buddhisten befolgt, denn sie glauben, daß das Begreifen ganz von selbst und von innen heraus wächst, wenn man die Dhyāna-Übung nur weit genug vertieft. Noch einmal: Prajñā spiegelt sich im unbewegten Wasser von Dhyāna.

Als jedoch im Zen das Kōan-System aufkam, trat das, was man bis dahin Meditation genannt hatte, in den Hintergrund, damit die intuitive Einsicht mehr in den Vordergrund treten konnte. Meister Ta-Hui Tsung-kao (Daie Sōkō 1089–1163) spricht es ganz direkt aus: «Manche geben Dhyāna den Vorzug vor Prajñā (Weisheit, intuitive Einsicht), ich aber stelle Prajñā über Dhyāna.» Er war ein entschiedener Befürworter der Kōan-Übung und stand darin im Gegensatz zu seinem großen Zeitgenossen Hung-chih Cheng-chüeh (Wanshi Shōgaku 1091–1157). Wie ich in anderen Essays dieser Reihe schon dargestellt habe, nehmen die Zen-Anhänger eine sehr entschiedene Haltung ein, was die Verwirklichung der Passivität in der religiösen Erfahrung angeht*:

An ihrer Übung scheinen keinerlei Anzeichen von Passivität erkennbar zu sein, doch hier geht es ja nicht um emotionale Passivität, wie sie in der christlichen Mystik und in der Reines-Land-Schule des Buddhismus so sehr das Bild bestimmt, sondern um etwas, das ich intellektuelle Passivität nennen möchte: Die Kōan-Schulung soll durch schiere

* So schreibt etwa Torei, einer der Hauptschüler Hakuins, in seiner Ausgabe (1762) des *Ch'an-kuan t'se-chin*: «Der Löwe verschmäht, was der Adler übrigläßt, und der Tiger frißt kein Aas.» Er spricht hier vom stolzen Geist des Zen-Schülers, der an der süßlichen und weichlichen Art der Tariki-Lehre keinen Geschmack findet.

Sammlungs-Kraft alle Spuren des diskursiven Denkens auslöschen und damit das Bewußtsein des Übenden zum geeigneten Boden für die intuitive Erkenntnis machen. Er schlägt sich durch einen Dschungel von Ideen, und wenn er endlich alle seine Kräfte ausgeschöpft hat und sich einfach ausliefert, stellt sich der Bewußtseinszustand, nach dem er so ernsthaft, aber doch ziemlich blind gesucht hat, plötzlich wie von selbst ein.

Dieses letzte Sich-Ausliefern würde ich als Zustand der Passivität in unserer religiösen Erfahrung bezeichnen. Ohne dieses Sich-Ausliefern – ganz gleich, ob wir es auf den Intellekt, den Willen, die Emotionen oder irgendein anderes menschliches Grundvermögen beziehen – gibt es im allgemeinen keine Erfahrung der letzten Wirklichkeit. Ich möchte hier ein wenig aus einem von Chu-hung (1531–1615) kompilierten Buch mit dem Titel *Ch'an-kuan-t'se-chin* (jap. *Zenkan Sakushin*) zitieren, den man frei mit «Das Durchbrechen der Grenzschranke im Zen» übersetzen könnte; Zen-Schüler lesen viel in diesem Buch und beziehen daraus manche Anregung. Meister Wu-tsu Fa-yen (Goso Hōen, ca. 1024–1104) gab einem seiner Schüler, der sich auf die Zen-Pilgerschaft machen wollte, die folgenden Ermahnungen mit auf den Weg:

> Trage die beiden Schriftzeichen für «Geburt» und «Tod» an deiner Stirn, bis du Einsicht in ihre Bedeutung gewonnen hast, denn der Herr des Todes wird genaue Rechenschaft über dein Leben von dir fordern, wenn du vor ihm zu erscheinen hast. Daß du dann nicht einwendest: «Davon hat man mir nie etwas gesagt»!
>
> Wenn du dich der Zen-Schulung widmest, kommt es darauf an, dich von Augenblick zu Augenblick zu erforschen und das Kōan stets innerlich gegenwärtig zu halten, so daß du selbst sehen kannst, wann du Stärke gewinnst und wann nicht und ob es noch mehr Sammlung bedarf oder nicht. Manche fangen an zu dösen, sobald sie auf dem Kissen sind, oder sie lassen sich von allerlei Gedankenranken einfangen,

wenn sie mal einigermaßen wach sind. Und erheben sie sich vom Kissen, lassen sie gleich wieder ihrer Zunge freien Lauf. Wenn sie so zur Meisterschaft des Zen gelangen wollen, werden sie es am Tage Maitreyas noch zu nichts gebracht haben. Deshalb nimm alle deine Kraft zusammen, vergegenwärtige dir dein Kōan und sei entschlossen, es zu lösen – laß niemals nach darin, weder am Tag noch in der Nacht. Dann sitzt du nicht nur still und geistlos da wie ein Leichnam. Findest du dich in einem verwirrenden Gespinst von Gedanken und kannst dich trotz aller Bemühungen nicht daraus lösen, so überlaß sie einfach sich selbst, steh auf von deinem Kissen, lauf einmal durch den Raum und nimm dann wieder deine Haltung auf dem Kissen ein. Die Augen bleiben geöffnet, die Hände liegen ineinander, und wenn du jetzt mit gerade aufgerichtetem Rücken dasitzt und dich wie zuvor dem Kōan widmest, wirst du dich ganz erfrischt fühlen. Es ist, als gösse man eine Kelle kalten Wassers in einen brodelnden Kessel. Fährst du in solchem Bemühen fort, so wirst du das Ziel gewiß erreichen.

Meister Ta-hui, von dem oben schon kurz die Rede war, gibt in einem Brief die folgenden Ratschläge:

Es gibt heutzutage Meister, deren Augen nicht wirklich geöffnet sind, die aber trotzdem lehren, man solle sich mit der bloßen Geistesleere zufriedengeben.* Dann gibt es an-

* Es mag hier angebracht sein, den Leser eigens auf diese Zurückweisung der «bloßen Leere» durch Ta-hui aufmerksam zu machen. Dem Zen ist – und nicht nur von Außenseitern, sondern auch von manchen Buddhisten – wiederholt vorgehalten worden, es vertrete das reine, leere Nichts, einen Zustand absoluter Passivität, der alle Spuren des Wollens in jeder nur denkbaren Form auslösche. Daß dem nicht so ist, sondern in tiefer Zazen-Übung ein «Geist des Erforschens» am Werk sein muß, wurde im Zusammenhang mit unserer Erörterung der Kōan-Übung (vgl. den Band *Koan* dieser Reihe) bereits dargestellt. Wo dieser Geist

dere, die lehren, man solle die Dinge blind annehmen, wie sie sind, und sie als solche zum Gegenstand der Betrachtung machen. Wieder andere geben den Menschen den Rat, keinem Ding irgendwelche Beachtung zu schenken. Das sind einseitige Ansichten von Zen; diese Art des Übens ist ganz und gar fehlgeleitet und wird nie zu einem rechten Abschluß führen. Das wichtigste ist in der Zen-Schulung, den Geist vollkommen auf *einen* Gegenstand zu sammeln. Bei jedem, der das tut, wird es recht werden; wenn die richtige Zeit kommt und alle Bedingungen ausgereift sind, wird die Verwirklichung urplötzlich wie ein Blitz ganz von selbst kommen.

Laß dein alltägliches weltliches Bewußtsein ganz auf Prajñā ausgerichtet sein, und du wirst im Augenblick des Todes nicht unter die Herrschaft deines schlechten Karma kommen, auch wenn es dir vielleicht nicht gelingt, in diesem Leben zur Verwirklichung zu gelangen. In deiner nächsten Geburt wirst du sicherlich inmitten der Prajñā sein und ihre volle Verwirklichung erfahren. Das ist gewiß, du brauchst daran keinerlei Zweifel zu hegen.

Laß nur deinen Geist, ohne Unterbrechung, einen sicheren Halt am Kōan finden. Kommen störende Gedanken dich an, so mühe dich nicht allzusehr, sie zu unterdrücken; versuche lieber, deine Aufmerksamkeit beim Kōan selbst zu halten. Ob du gehst oder sitzt, widme dich ihm unfehlbar und stetig und laß nicht locker. Bei stetig fortgesetztem Bemühen wird eine Zeit kommen, da alles wie ohne Geschmack ist. Das ist gut, laß jetzt nicht nach, sondern bleib gesammelt, und die Blüte des Geistes wird plötzlich voll erblühen; das Licht, das alle zehn Richtungen erleuchtet, wird das Land des Herrn des Schatzes an der Spitze eines einzigen Haars offenbaren; und du wirst, inmitten des win-

fehlt, kann es allerdings geschehen, daß der Übende in eine falsche Art der Passivität abgleitet.

zigsten Staubkörnchens sitzend, das große Rad des Dharma in Drehung versetzen.

Die Zen-Übung mit all den Entbehrungen und Kämpfen, deren die Selbsterforschung bedarf, scheint das genaue Gegenteil von Passivität zu sein. Vergessen wir aber nicht, daß Passivität nicht von selbst kommt, denn sie ist etwas ganz anderes als bloße Apathie, ein leeres, träges Vegetieren des Geistes. Passivität im eigentlichen Sinne ist das Aufbrechen der harten Ego-Schale und ihr Einschmelzen in die Unendlichkeit des Dharmadhātu. Dieses Schmelzen wird als Empfänglichkeit empfunden, als Offenheit für etwas Größeres, als man selbst ist, oder, theologisch ausgedrückt, als das Gefühl der absoluten Abhängigkeit – eben das, was ich in diesem Essay Passivität genannt habe.

Im Zen heißt dies «vollkommen von Prajñā durchdrungen sein» oder «Prajñā verwirklichen». In vielen Zen-Texten begegnet uns die Prajñāpāramitā in einer Form, die sie fast als Person erscheinen läßt, als wäre sie so etwas wie die Buddhas und Bodhisattvas der Vergangenheit, Gegenwart und Zukunft. Prajñā wird auch einem großen vollkommenen Spiegel verglichen, in dem sich die «Zehntausend Dinge» *yathābhūtam* – so, wie sie sind – widerspiegeln. Es ist der vollkommene Spiegel der Passivität, könnten wir in unserer hier gewählten Terminologie sagen. Das folgende (und das im Anhang zu diesem Essay gebotene Material) wird, so hoffe ich, diesen Punkt noch klarer machen.

DIE VOLLENDUNG DER PASSIVITÄT

Wenn die oben beschriebene religiöse Erfahrung ausgereift ist, das heißt, wenn ihr eine entsprechende moralische Reife zur Seite steht, erreicht der Buddhist den Zustand des «absichtslosen (oder mühelosen) Handelns» (*anābhogacharyā*)*, und ihm fallen wunderbare Dinge zu, die im *Dashabhūmika-Sūtra* im einzelnen genannt und dem Bodhisattva, dem idealen Wesen des Mahāyāna-Buddhismus, zugeschrieben werden. Das mühelose Leben, so können wir sagen, ist die Vollendung der Passivität.

Diesem Sūtra zufolge erlangt der Bodhisattva das mühelose, spontane Leben, wenn er durch das «Annehmen der Ungeborenheit aller Dinge» (*anutpattika-dharmakshānti*)** von der siebten auf die achte Stufe seiner spirituellen Entwicklung gelangt. Hören wir das Sūtra selbst***:

Der Bodhisattva Vajragarbha sprach: Sohn des Buddha, wenn der Bodhisattva der siebten Stufe wahrhaft ergründet hat, was es bedeutet, die Pfade mit der transzendenten Weisheit und den geschickten Mitteln (*prajñopāya*) zu säubern, wenn er alle Vorbedingungen angesammelt hat, wenn er mit den Gelübden versehen ist und, getragen von der Kraft der Tathāgatas, in sich die durch angesammeltes Verdienst erzeugte Kraft hervorbringt, sein Denken in Übereinstimmung mit den Kräften, Überzeugungen und Merkmalen der Tathāgatas bringt, gründlich geläutert, aufrichtigen Herzens, umsichtig, von erhabener Tugend, Erkenntnis und Kraft, von großem Mitleid und Erbarmen, das kein Lebewesen übergeht, stets dem Pfad der Weisheit folgend, der unermeßlich ist; und ferner, wenn er sich wahrhaft einläßt auf die Wahrheit, daß alle Dinge ihrem Wesen nach und von Anfang an

* Zur Erläuterung dieses wichtigen Begriffs vgl. *Satori*, S. 201, Anm. 21; außerdem *Studies in the Lankāvatāra Sūtra*, S. 43, 378; *The Lankāvatāra Sūtra*, S. 78.

** Dies ist einer der Mahāyāna-Begriffe, die von westlichen Gelehrten häufig fehlgedeutet werden, weil sie den Grundgedanken des Mahāyāna nicht erfassen, daß alle Dinge (*sarvadharma*) ungeboren (*anutpanna*) und nicht erlangbar (*anupalabdha*) und daher leer (*shūnya*) sind.

*** In der Ausgabe von Radher, S. 63 und die folgenden.

ungeboren (*anutpanna*), unerzeugt (*ajāta*), ohne Kennzeichen (*alakshana*) sind, niemals zusammengefügt (*asambhūta*) wurden und niemals aufgelöst (*avināshita*) oder ausgelöscht (*anishthita*) werden, sich nicht wandeln (*apravritti*) oder aufhören (*anabhinivritti*) und ohne Selbst-Substanz (*abhāvasvabhāva*) sind; wenn er sich einläßt auf die Erkenntnis, daß alle Dinge gleich bleiben am Anfang, in der Mitte und am Ende, daß sie von der Soheit und nicht unterscheidbar sind und in die Erkenntnis des All-Erkennenden eingehen; wenn er solchermaßen zur Erkenntnis aller Dinge gelangt, wie sie wirklich sind, ist er vollkommen frei von Ich-Gedanken, wie sie der Geist (*chitta*) und sein Bewußtsein (*manovijñāna*) hervorbringen; er ist dann so erhaben wie der Himmel und blickt auf alle Dinge wie auf den leeren Raum; man nennt ihn dann einen, der das Annehmen aller Dinge als ungeboren (*anutpattika-dharmakshānti*) erlangt hat.

Sohn des Buddha, sobald der Bodhisattva zu diesem Annehmen kommt, gelangt er auf die achte Stufe, die unbewegt (*achalā*) genannt wird. Dies ist der innere Ort der Bodhisattvaschaft, schwer zu begreifen, jenseits der Unterscheidung, losgelöst von allen Formen, allen Ideen, allen Verhaftungen; er überschreitet alle Berechnung und alle Begrenzung, da er außerhalb [der Erkenntnis] der Shrāvakas und Pratyekabuddhas und über aller Unruhe liegt, stets im Besitz der Stille.

Wie ein Bhikshu, der mit übernatürlichen Fähigkeiten und mit Freiheit des Geistes begabt ist und allmählich in den Samādhi des Verlöschens eintritt, alle geistige Unruhe befriedet hat und von Unterscheidung frei ist, so weilt der Bodhisattva nun im Zustand der Unbewegtheit, von allem angestrengten Wirken losgelöst; er hat Mühelosigkeit erlangt, hat allem Streben von Körper, Rede und Geist ein Ende gesetzt und ist jenseits der Unterscheidung, da er jede Art von Verdruß einfach abgelegt hat; er ist nun fest im Dharma gegründet und erfreut sich dessen als der Frucht seines Strebens.

Es ist wie mit einem Mann, der im Traum mitten in einem

breiten Fluß ist und ans andere Ufer zu gelangen versucht. Er bietet alle seine Kraft auf und kämpft mit allen Mitteln, die er hat. Über diesen Anstrengungen und Versuchen wacht er auf, und all sein Bemühen kommt sogleich zur Ruhe. Der Bodhisattva sieht, wie alle Wesen sich in den vier Strömen selbst ertränken, und in seinem Bemühen, sie zu retten, setzt er sich rückhaltlos und unerschütterlich ein, und weil er sich rückhaltlos und unerschütterlich einsetzt, erlangt er die Stufe der Unbewegtheit. Ist er einmal auf dieser Stufe, so fällt alles Streben von ihm ab, und er ist befreit von allem Handeln, das aus der Vorstellung von Dualität oder dem Haften an der Erscheinung erwächst.

Sohn des Buddha, wenn einer in der Brahman-Welt geboren wird, so stellen sich in seinem Geist keine quälenden Leidenschaften mehr ein; so auch der Bodhisattva: Weilt er auf der Stufe der Unbewegtheit, so ist sein Geist vollkommen frei von allem angestrengten Wirken, die einem Maßnahmen ersinnenden Bewußtsein entspringen. Im Geist dieses Bodhisattva gibt es fürwahr kein Unterscheiden eines Bodhisattva, eines Buddha, der Erleuchtung oder des Nirvāna mehr; um wieviel weniger einen Gedanken an Dinge der Welt.

Sohn des Buddha, vermöge seiner ursprünglichen Gelübde gewahrt der Bodhisattva alle Buddhas, die Erhabenen, wie sie vor ihn hintreten, um ihm die Weisheit der Tathāgataschaft zu vermitteln, die ihm ermöglicht, in den Strom des Dharma einzutreten. Sie werden dann sagen:

«Vortrefflich, o Sohn aus guter Familie, dies ist die Kshānti [das Annehmen] des ersten Grades, in Übereinstimmung mit den Lehren des Buddhas. Aber, Sohn aus guter Familie, du hast noch nicht die zehn Kräfte, die vierfache Furchtlosigkeit und die achtzehn besonderen Eigenschaften erlangt, die alle Buddhas besitzen. Du hast dich noch um das Erlangen dieser Eigenschaften zu bemühen, und laß niemals ab von dieser Kshānti.

Du, Sohn aus guter Familie, hast einen festen Stand gefunden in der Gelassenheit und Freiheit, doch es gibt verblendete Wesen, die die Gelassenheit noch nicht erlangt haben, sondern von bösen Leidenschaften und allerlei Spekulationen gepeinigt werden. Denen sollst du Erbarmen entgegenbringen. Deiner ursprünglichen Gelübde eingedenk, sollst du zum Wohl aller Wesen wirken, auf daß sie sich alle der unausdenklichen Weisheit zuwenden.

Sohn aus guter Familie, das Wesen der Dinge ist in alle Ewigkeit das, was es ist, ob nun Tathāgatas erscheinen oder nicht. Sie werden nicht wegen ihrer Realisation dieses tiefsten Wesens der Dinge Tathāgatas genannt, denn auch die Shrāvakas und Pratyekabuddhas haben dieses Wesen der Nichtunterscheidung realisiert. Sohn aus guter Familie, schau auf zu unserem Körper, unserer Erkenntnis, unserem Buddha-Land, unserem Erleuchtungsglanz, unseren geschickten Mitteln und unserer Stimme der Reinheit; sie sind alle unermeßlich, und mögest auch du in vollkommener Weise mit ihnen versehen sein.

Sohn aus guter Familie, du hast nun ein Licht, das Licht, das die wahre Natur aller Dinge als ungeboren und jenseits der Unterscheidung erkennt. Doch das Licht der Wahrheit, das die Tathāgatas besitzen, ist in seiner unendlichen Reichweite und Wirksamkeit unermeßlich und unvergleichlich. Du mußt dein Streben auf es richten, um es zu verwirklichen.

Sohn aus guter Familie, da du siehst, wie endlos das Land sich erstreckt, wie zahllos die Wesen sind, wie unendlich geteilt die Dinge, sollst du sie alle genau so erkennen, wie sie sind.»

Solchermaßen, o Sohn des Buddha, verleihen die Buddhas dem Bodhisattva, der diese Stufe der Unbewegtheit erreicht hat, die Unendlichkeit der Erkenntnis und lenken ihn dann zu der daraus hervorgehenden und gleichfalls unermeßlichen Erkenntnis der Verschiedenheit und des Wirkens hin.

Sohn des Buddha, würden die Buddhas in diesem Bodhisattva nicht ein Verlangen nach der Erkenntnis des All-Erkennenden wecken, so würde er ins Parinirvāna eingehen und alles Wirken zum Wohl der Lebewesen hinter sich lassen. Da ihm die Buddhas jedoch die Unendlichkeit der Erkenntnis und das daraus hervorgehende Wirken gaben, übertreffen nun die Erkenntnis und das Wirken auch nur eines einzigen Augenblicks alle seine Errungenschaften vom Erwachen seines Verlangens nach Erleuchtung an bis zum Erreichen der siebten Stufe. Dieses ist nicht einem Hundertstel, ja nicht dem allerkleinsten Teil von jenem zu vergleichen – es ist überhaupt kein Vergleich zwischen ihnen möglich. Aus welchem Grund?

Deswegen, Sohn des Buddha, weil der Bodhisattva, der mit seinem einen Körper den Pfad der spirituellen Schulung betrat, beim Erreichen der achten Stufe mit unendlichen Körpern, unendlichen Stimmen, unendlicher Erkenntnis, unendlicher Geburt und unendlichen Reinen Ländern ausgestattet wird; er hat unendlich viele Wesen zur Reife gebracht, unendlich vielen Buddhas geopfert, unendlich viele Lehren der Buddhas wahrhaft erfaßt; er verfügt über unendlich viele übernatürliche Kräfte, nimmt an unendlich vielen Versammlungen teil, und vermöge der Unendlichkeit von Körper, Rede, Denken und Handeln gewinnt er das vollkommene Verständnis von allem, was das Leben des Bodhisattva betrifft, weil er die Stufe der Unbewegtheit erlangt hat.

Sohn des Buddha, es ist wie bei einem Mann, der mit dem Boot aufs Meer hinaus möchte. Bevor er das offene Meer gewinnt, müht er sich schwer, doch hat sein Boot einmal das freie Wasser erreicht, so kann er es dem Wind überlassen, und es bedarf keiner Anstrengungen mehr. So kann er an einem Tag erreichen, was man in hundert Jahren des Ringens in der Brandung nicht erreichen würde.

In gleicher Weise, Sohn des Buddha, wird der Bodhisattva, indem er einen großen Vorrat verdienstvoller Taten ansammelt und im Mahāyāna-Boot auf den Ozean des Bodhisattva-Lebens hinausfährt, in einem Augenblick und mit müheloser

Erkenntnis in das Erkenntnisreich des All-Erkennenden gelangen. Solange er auf seine früheren, von Absicht (*sābhogakarma*) gekennzeichneten Errungenschaften angewiesen war, hätte er solches auch nach zahllosen Kalpas nicht erreichen können . . .*

Wenn ich nun sage, das *Dashabhūmika-Sūtra* schildere hier, wenn auch etwas diffus, das buddhistische Leben der Passivität, so wird man vielleicht einwenden, das sei doch offenbar etwas ganz anderes, als was wir bisher – vor allem im christlichen Sinne – darunter verstanden haben: die Gottesberauschtheit, die völlige Unterwerfung unter «deinen Willen» oder Tariki, die Kraft des anderen. Vergessen wir aber nicht, daß der Buddhismus nun mal einen starken intellektuellen Anstrich hat, wie schon an der häufigen Verwendung des Begriffs «Erkenntnis» (*jñāna* oder *prajñā*) deutlich wird (wenn auch damit nicht relative Erkenntnis gemeint ist, sondern intuitive, über-intellektuelle Erkenntnis). Sogar in der Reines-Land-Schule des Buddhismus, wo der Gefühlsaspekt des religiösen Lebens das Bild bestimmt, geht die Preisgabe des Ich an die unergründliche Weisheit des Tathāgata Hand in Hand mit dem Vertrauen auf die allumfangende Liebe Amitābhas. Tatsächlich ist ja ein Shin-Buddhist wie jeder andere Buddhist letztlich darauf aus, vollkommene Erleuchtung zu erlangen; nur möchte er, daß dies im Reinen Land in der Gegenwart Amitābhas geschieht, und so unterstellt er sich bedingungslos dessen liebender Führung, um in diesem Land Einlaß zu finden.

Die beiden Seiten der religiösen Erfahrung, Gefühl und

* Dies ist eine ziemlich freie Übersetzung, denn eine wörtliche Fassung würde den meisten Lesern unverständlich bleiben. Der Text geht im weiteren Verlauf noch mehr in die Einzelheiten des Bodhisattva-Lebens auf dieser achten Stufe der Unbewegtheit. Das Bisherige mag aber genügen, um anzudeuten, von welcher Art die Spiritualität eines Bodhisattva ist, der das Leben des mühelosen Wirkens erreicht hat.

Intellekt, mischen sich also im Herzen des Shin-Buddhisten. Das Bewußtsein der Sünde ist der Gefühlsaspekt, das Streben nach Erleuchtung der intellektuelle Aspekt. Passivität ist im Gefühlsaspekt zwar deutlicher sichtbar, aber auf der intellektuellen Seite durchaus auch vertreten, etwa in der Anweisung, alle logischen Übelegungen aufzugeben, um die volle Erleuchtung des Buddha oder das absichtslose und mühelose Leben des Bodhisattva zu erfahren.

Um den Unterschied zwischen der christlichen und der buddhistischen Auffassung von Passivität zu verdeutlichen, will ich eine Passage aus der *Theologia deutsch* zitieren, die dem buddhistischen Empfinden verwandt ist und doch deren Kern verfehlt:

> Nun sprichst du aber: So war doch ein Warum in Christus? – Ich spreche: Wer die Sonne fragte, warum scheinst du, sie spräche: ich muß scheinen und kann nicht anders, denn es ist meine Eigenschaft und gehört mir zu, und derselben Eigenschaft und des Scheins stehe ich ganz ledig und nehme mich dessen nicht an. – Also ist es auch mit Gott und Christus und allem, was göttlich ist und Gott zugehört. Das will, wirkt und begehrt nichts anderes denn Gut als Gut und um Gut. Und das ist kein Warum.*

Damit stimmen die Buddhisten ohne Zweifel überein, aber «Gut» ist zu christlich und verfehlt überdies den letzten Grund von allem – Shūnyatā, die Leere. P'ang Yün (Hō Un, 740–808 oder 811), der berühmteste Zen-Laie Chinas, häufiger Gesprächspartner und sogar Dharma-Nachfolger der beiden großen Meister Shih-t'ou (Sekitō) und Ma-tsu (Baso), weiß hierzu ein Lied:

* S. 78 (Kap. 26).

Der alte P'ang braucht nichts in der Welt:
Alles ist ihm leer, selbst einen Sitz hat er nicht,
denn Leere regiert in seinem Haushalt.
Wahrhaftig, wie leer es ist ohne Schätze!
Nach Sonnenaufgang – Gehen in Leere;
nach Sonnenuntergang – Schlafen in Leere;
In der Leere sitzt er und singt seine leeren Lieder,
und leere Lieder hallen in der Leere:
Sei nicht bestürzt, daß Leere so ganz und gar leer ist,
denn Leere ist der Sitz aller Buddhas.
Leere wird nicht erfaßt von den Menschen der Welt,
und doch ist Leere der wahre Schatz –
Sagst du: Da ist keine Leere,
so hast du den Buddha aufs Ärgste geschmäht.

SHŪNYATĀ UND DAS ZEN-LEBEN

Shūnyatā, die Leere, ist die Botschaft des *Prajñāpāramita-Sūtra* und zugleich der Ursprung aller Philosophien und praktischen Disziplinen des Mahāyāna. Nur weil die Leere den Grund des Daseins bildet, ist überhaupt dieses Universum mit seiner Logik, Ethik, Philosophie und Religion möglich. Leere bedeutet nicht Relativität, wie manchmal von buddhistischen Gelehrten gesagt wird; sie geht vielmehr darüber hinaus und ist das, was die Relativität ermöglicht; Leere ist eine intuitiv erfaßte Wahrheit, aufgrund deren wir das Dasein als mannigfaltig und von Beziehungen durchzogen beschreiben können. Das buddhistische Leben der Passivität wächst aus dieser Intuition hervor, die im *Prajñāparamitā-Sūtra* als Prajñāpāramitā bezeichnet wird und im *Lankāvatāra-Sūtra* als Pratyātmāryajñāna. Die Intuition ist Erleuchtung als der Höhepunkt buddhistischer Schulung und als der Anfang des Bodhisattva-Lebens. Daher lesen wir im *Vimalakīrtinirdesha-Sūtra*, daß alle Dinge im «Nichtverweilen» (*apratishthiti*) verweilen, das heißt in der Leere; und im *Vajrachchedikā-Sūtra* heißt es: «Gedanken sollen erweckt werden, ohne irgendwo zu verweilen.»

Wenn etwas irgendwo verweilt oder eingerichtet ist (*pratishthita*), wird etwas festgelegt, und diese Festlegung ist der Beginn von Ordnung und zugleich Verwirrung. Wenn Gott der Grund aller Dinge ist, so muß er Leere sein. Wird er aber in irgendeiner Weise definiert, also festgelegt – sei es als gut oder schlecht, gerade oder krumm, rein oder unrein –, so fällt er unter das Prinzip der Relativität, und dann ist er nicht mehr Gott – oder ein Gott, der wie wir leidet und sterblich ist. «Nirgends verweilen» bedeutet demnach «leer sein», «an nichts haften», «vollkommen passiv sein» oder «ganz und gar der Kraft des anderen hingegeben sein».

Dieses buddhistische oder Zen-Leben der Leere läßt sich auf drei verschiedene Weisen veranschaulichen, von denen jede ihre eigene Bedeutung hat und einen bestimmten Aspekt dieses Lebens beleuchtet.

1. Als Subhūti still in einer Höhle saß, priesen ihn die Götter mit einem Regen himmlischer Blüten.

Subhūti sagte: «Wer seid ihr, daß ihr Blüten vom Himmel auf mich regnen laßt?»

«Wir sind die Götter, deren oberster Shakradevendra ist.»

«Was ist es, das ihr preist?»

«Wir preisen deine Darlegungen der Prajñāpāramitā.»

«Ich habe kein Wort zur Darlegung der Prajñāpāramitā geäußert, und so gibt es für euch nichts zu preisen.»

Doch die Götter blieben dabei: «Du hast über nichts ein Wort gesagt, und wir haben nichts gehört. Nichts gesagt, nichts gehört – das ist fürwahr die wahre Prajñāpāramitā.» Und mit diesen Worten überschütteten sie ihn ein zweites Mal mit Blüten.

Diesem Kōan fügt Hsüeh-tou (Setchō) folgenden «Lobspruch» an:

Der Regen ist vorüber; die Wolken – wie stillstehend;
der Tag will anbrechen.
Berge, wie gemalt, tauchen auf, so blau, so gewaltig!
Subhūti in der Felsenhöhle weiß von nichts, sitzt still da.
Und da, Himmelsblüten ergießen sich wie Regen, und
die Erde bebt.

In diesem Gedicht wird das innere Leben der Leere anschaulich, und wir sehen, daß Leere nicht Relativität oder pures Nichts ist. Subhūti «weiß von nichts», und trotzdem – vielmehr gerade deshalb – regnet es Himmelsblüten, zerklüftete Berge ragen gewaltig auf und sind wie ein wunderbares Tuschbild, das mit Vergnügen betrachten mag, wer wahrhaft versteht.

2. Als Vimalakīrti mit Mañjushrī und anderen sprach, war auch eine Himmelsjungfrau im Raum, die sehr aufmerksam allem lauschte, was da vorging. Dann nahm sie ihre eigentliche Gestalt, die einer Göttin, wieder an und ließ Himmelsblüten auf all die dort versammelten heiligen Gestalten herabregnen. An den Bodhisattvas blieben sie nicht haften, wohl aber an den Shrāvakas, und diese versuchten zwar, sie abzuschütteln, doch es gelang ihnen nicht.

Die Göttin fragte Shāriputra, einen der hervorragenden und für seine intellektuellen Fähigkeiten bekannten Shrāvakas: «Weshalb möchtest du die Blüten abstreifen?»

Er erwiderte: «Sie sind nicht in Übereinstimmung mit dem Dharma, deshalb möchte ich sie abstreifen.»

«O Shāriputra», sagte die Göttin, «denke nicht, die Blüten seien nicht in Übereinstimmung mit dem Dharma. Sie unterscheiden nicht; du selbst bist es, der unterscheidet. Jene, die nach den Lehren des Buddha ein Leben der Entsagung führen, begehen einen Verstoß, wenn sie sich dem Unterscheiden ergeben. Sie müssen ihr Unterscheiden aufgeben, nur dann ist ihr Leben in Übereinstimmung mit dem Dharma.

Schau diese Bodhisattvas an, die Blüten berühren sie nicht, denn sie sind über allen Gedanken der Unterscheidung. Es muß ein verzagter Geist sein, der einem bösen Geist Gelegenheit bietet, sich an ihn zu heften. So auch die Shrāvakas, die aus Furcht vor dem Kreislauf von Geburt und Tod ein Opfer der Sinne werden. Wer über Ängste und Sorgen hinausgeht, wird nicht mehr von den fünf Begierden gefesselt. Wo die Knoten noch nicht gelöst sind, da haften die Blüten, doch ist dieses Lösen vollendet, so fallen sie ab.» (Das heißt, wenn wir die Leere realisieren, kann nichts mehr uns ergreifen, und weder Blüten noch Schmutz finden eine Stelle, an die sie sich heften können.)

Das Shūnyatā-Leben ist also das Leben der Nicht-Unterscheidung, wo die Sonne über Bösen und Guten aufgeht und es auf Gerechte und Ungerechte gleichermaßen regnet. Unterscheidung gehört der Welt der Einzeldinge an, in der wir unser relatives Leben als Individuen verbringen, doch wenn wir da sein möchten, wo wahrer Friede herrscht, müssen wir den Staub der Relativität und Unterscheidung abschütteln, der so lange an uns haftete und uns quälte. Die Leere braucht uns nicht zu schrecken, wie es im *Prajñāpāramitā-Sūtra* immer wieder beschwichtigend heißt.

> Wo alles getan und gesagt ist,
> wirst du am Ende finden:
> Am meisten badet der in Seligkeit,
> der einen stillen Geist hat.*

Wo dieser stille Geist zu finden sei, das ist die große Frage der Religion, und die Mahāyāna-Buddhisten geben die ganz entschiedene Antwort: in der Leere.

* Lord Vaux Thomas, 1510–1566.

3. Im *Ch'uan-teng-lu* («Aufzeichnung über die Weitergabe der Leuchte», jap. *Dentō-roku*) wird erzählt: Bevor Fa-yung (Hōyū) in seiner Bergeinsamkeit von Tao-hsin (Dōshin), dem vierten Patriarchen des Zen in China, aufgesucht wurde*, kamen die Vögel zu ihm und brachten ihm Blumenopfer dar. Historisch ist hierüber nichts weiter verzeichnet, doch es bildete sich die Überlieferung, daß Fa-yung nach seinem Gespräch mit Tao-hsin keine Blumenopfer mehr von seinen gefiederten Bewunderern erhielt. Dazu stellt nun ein Zen-Meister die Frage: «Warum erhielt Fa-yung vor seinem Gespräch mit dem Vierten Patriarchen Blumenopfer und warum anschließend nicht mehr?» Fa-yung war bestens bewandert in der Prajñāpāramitā, in der Lehre von der Leere. Opferten die Vögel ihm, weil er so heilig war, so leeren Geistes? Und ist er dann durch das Gespräch irgendwie seiner Heiligkeit verlustig gegangen, so daß die Vögel ihn nicht mehr verehrten? Ist Heiligkeit dasselbe wie Leere? Gibt es in der Leere noch etwas, das heilig genannt werden könnte? Wenn die Leere wahrhaft realisiert ist, verschwinden dann nicht auch Heiligkeit und Göttlichkeit und alles andere? Ist dies nicht ein Zustand der Schattenlosigkeit (*anābhāsa*)?

Wu-tsu Fa-yen (Goso Hōen) wurde gefragt: «Warum wurden Fa-yung vor dem Gespräch Blumen dargebracht?»

Der Meister sagte: «Wir alle bewundern die Reichen und Edlen.»

«Warum war es mit den Opfergaben nach dem Gespräch vorbei?»

«Wir alle schätzen die Armen und Unbedeutenden nicht besonders.»

Will Wu-tsu hier sagen, Fa-yung sei vor dem Gespräch reich und dadurch allseits beliebt gewesen, nach der Begegnung aber arm und leer geworden, so daß niemand auf der ganzen Welt ihn mehr verehrungswürdig fand?

* Diese Begegnung ist im Band *Zazen* (S. 50 f.) dieser Reihe geschildert.

Tao-ch'ien, ein Schüler von Fa-yen Wen-i (Hōgen Bun'eki, 885–958), gab jedoch auf beide Fragen die gleiche Antwort:

«Weshalb vor dem Gespräch Blumen für Fa-yung?»

«Niu-t'ou.»

«Weshalb nachher keine mehr?»

«Niu-t'ou.»

Niu-t'ou (Gozu) ist der (häufig auch für Fa-yung selbst gebrauchte) Name des Berges, auf den Fa-yung sich zur Zazen-Übung zurückgezogen hatte. Heißt dies nun, daß Fa-yung immer derselbe alte Mönchseinsiedler bleibt, welche Erfahrungen er auch machen mag? Und heißt es, daß alle Dinge in ihrem letzten Wesensgrund immer gleich bleiben, nämlich leer, wie vielfältig die Erscheinung auch sein mag? Vielleicht zeigen uns die Worte Subhūtis und der Himmelsjungfrau oder die Bemerkungen über die Fa-yung dargebrachten Blumenopfer, wie sehr das Zen uns zu einem Leben in der Passivität, in der Leere, hinlenken möchte.*

* Hören wir uns noch einige weiter Mondō zur Begegnung Fa-yungs mit Tao-hsin an:

Ein Mönch fragte Te-shan Mi: «Was würdet Ihr über Niu-t'ou vor der Begegnung mit dem Vierten Patriarchen sagen?»

«Wenn der Herbst kommt, werden die Blätter gelb und fallen.»

«Und was sagst Ihr über ihn danach?»

«Wenn das Frühjahr kommt, sind die Wiesen grün.»

T-ien-chu Shan erwiderte auf die erste Frage: «Ein einsames Dörfchen fernab der Menschenwelt, einsamer Berg, wo selten freundliche Besucher vorsprechen.» Auf die zweite: «Ein sanfter Herbstwind raunt in den Kiefern entlang des Bergpfades; der volle Mond, klar und heiter, scheint die ganze Nacht in die gemalte Halle.»

Hsiang-t'ien Ch'ing auf die erste Frage: «Essig zieht Fliegen an.» Auf die zweite: «Das Haus ist verlassen, nicht der Schatten eines Lebewesens.»

Pao-feng Ch'ing auf die erste Frage: «Er ist auch nur irgend so ein Hans oder Franz.» Auf die zweite: «Sein Gesicht und der Kopf sind voller Schmutz und Asche.»

Wer wissen möchte, was es mit dem Mahāyāna-Buddhismus auf sich hat und was Leere (*shūnyatā*) wirklich bedeutet, ist sicher gut beraten,

ANHANG:
DIE FÜLLE IN DER LEERE – AUSDRUCKSFORMEN DER PASSIVITÄT

I

Ta-hui schreibt an einen Laienschüler*:

Der Buddha gibt die verschiedensten Unterweisungen, weil es alle möglichen Gedanken gibt, von denen die Menschen befreit werden müssen. Sind wir frei von Gedanken, so ist es nicht nötig, irgendwelche Unterweisungen zu geben. Im Grunde sind alle Lehren ohne wirkliche Substanz, und auch Gedanken haben nichts Festes zur Grundlage. Lehren und Gedanken sind ihrer Natur nach leer. Solchermaßen leer zu sein ist der Charakter der Wirklichkcit.

Die meisten heutigen Buddhisten halten diese Leere jedoch für eine Form des Nichts, und so fehlt ihnen der Mut, Zuflucht bei ihr zu suchen. Wer so denkt, verwechselt das Mittel mit dem Ziel und nimmt die Krankheit für die Kur. Aus Mitleid mit diesen Unglückseligen sagt P'ang: «Fürchtet euch nicht, in die Leere zu fallen, denn das ist gar keine so schlechte Sache.» Oder auch: «Ich beschwöre euch, nehmt alle Dinge, die man für wirklich hält, als leer; haltet niemals für wirklich, was von Natur aus leer ist.»

Gewinnst du tiefe Einsicht in diese Wahrheit, so überwindest du damit das seit unvordenklicher Zeit bestehende schlechte Karma und Nichtwissen, und alle Zweifel, die du gehegt hast, werden schmelzen wie ein Stück Eis. Alle im Tripitaka bewahrten Lehren des Buddha sind nichts als diese Wahrheit. Wenn dein Glaube fest genug gegründet ist, wirst

sich diese Anmerkungen der alten Meister zur Bedeutung des Gesprächs zwischen Fa-yung und Tao-hsin sehr eingehend zu vergegenwärtigen.

* Aus seinen «Aussprüchen» (*Wu-lu*), Bd. XXIII.

du die große Wahrheit der Befreiung gewiß verwirklichen. Wisse nur, daß da der Augenblick des Gewahrseins ist, wenn der obere Angelpunkt [der dich in den Grenzen der Relativität gehalten hat] sich löst.

Dies ist der Augenblick, da du erkennst, daß zwischen der Äußerung P'angs und der Lehre des Buddha kein Unterschied, keine Überordnung, keine Unterordnung, kein Mehr oder Weniger besteht. Auch wirst du sehen, daß es keine Lehren, Gedanken und dergleichen [an deren Wirklichkeit du immer geglaubt hast] gibt.

Alle Welten in den Zehn Richtungen sind [dann] die Leere selbst, und da ist niemand, der sie als leer betrachtet. Denn gäbe es einen solchen, so würde das bedeuten, daß da einer ist, der die Leere predigt, und einer, der der Predigt lauscht; und ferner, daß es alle möglichen Leeren gibt, denen man lauschen kann, und Gedanken aller Art, die [als wirklich] bezeugt werden können.

Wäre dem so, gäbe es also ein Lauschen und ein Bezeugen, so hieße das: Es gibt innen jemanden, der bezeugt, und außen das, was bezeugt wird. Wer diese Krankheit [der Dualität] nicht überwindet, den bezeichnen die Sūtras als einen, der meint, es gebe einen wirklichen Prediger des Dharma, und der damit Buddha, Dharma und Sangha lästert. Solche Lästerer werden in den Sūtras gebrandmarkt als solche, die aufgrund ihres Festhaltens an der Wirklichkeit der Dinge der Vorstellung eines Ich, einer Person, eines Wesens oder einer Lebens-Grundlage verhaftet sind; oder auch als solche, die aufgrund ihres Festhaltens an der Unwirklichkeit der Dinge gleichermaßen der Vorstellung eines Ich, einer Person, eines Wesens oder einer Lebens-Grundlage verhaftet sind. Zu dieser Verhaftung – im einen oder anderen Sinne – kommt es, wie ich schon sagte, wo der Glaube besteht, daß es innen einen Bezeugenden und außen das Bezeugte gibt. Die Sūtras mahnen stets, sich vor der Dualität zu hüten...

Was nun deine Sicht des Kōan angeht, so kann ich dir

versichern, daß du die Sache im großen und ganzen schon ganz gut erfaßt hast, doch leider dringt dein Blick noch nicht so tief, daß er die Essenz des Buddhismus erkennen könnte. Dies ist ein Fehler, der sich bei Anfängern nur allzuleicht einschleicht. Wenn du wirklich weißt, was ich hier meine, dann lege alles Einseitige ab. Nimm all die kostbaren Lehren der Buddhas und Patriarchen, decke sie ein für allemal zu und sieh, ob du das Wirken der Dinge vor dem Buddha Bhishmasvararāja [vor der Entstehung der Welt] schauen kannst. Dann wirst du alle Lehren vollkommen gemeistert haben. Der Buddha sagt: «Wer das Buddha-Fahrzeug preist, fällt den bösen Daseinspfaden anheim.» Wenn du wahrhaft erkennst, daß dergleichen wirklich geschieht, wirst du in der Lage sein, all das, was ich hier sage, [in deinem täglichen Leben] anzuwenden.

Dann wird es dir möglich sein, der Fesselung durch die Dinge zu entkommen und nicht mehr um Befreiung zu ringen. «So sein» oder «nicht so sein» oder «so sein und nicht so sein» – all das wird dich dann nicht mehr umtreiben. Alle Zen-Lehren, alle Erfahrungen des Lebens werden dir dann so mühelos einsichtig, wie ein Mann, der bei Kräften ist, seinen Arm hebt, oder wie ein Pfeil von der voll gespannten Sehne schnellt. Hier gibt es kein bemühtes Streben mehr, und alles geht seinen natürlichen Gang. Bist du hier angelangt, so kannst du wahrhaft sagen, es gebe weder gut noch böse, weder Buddha noch Lebewesen.

Bis dahin aber gib acht, daß du dein eigenes Urteil nicht zu wichtig nimmst und dabei womöglich Yung-chias Mahnung mißachtest: «Sie zu, daß du das Gesetz von Ursache und Wirkung nicht zu forsch leugnest und damit ein jammervolles Dasein auf dich ziehst; laß dich von Verblendung und Zügellosigkeit nicht allzuweit mitreißen.» Sind die Grundlagen geschaffen, so folgt das übrige von selbst; der Zustand der Einheit wird verwirklicht sein, ohne daß du es auch nur bemerkst.

2

Ippen Shōnin (1239–1289), Begründer des Ji-shu-Zweigs der Jōdo-Schule, ist hier schon mehrfach erwähnt worden. Einst war er Zen-Schüler gewesen, doch dann verbrachte er sein ganzes Leben damit, als Meister auf Pilgerfahrt und Wanderschaft das Nembutsu überall im Land zu verbreiten. Dieses Wanderleben wurde auch unter seinen Nachfolgern zur Regel, die damit nicht nur ihm, sondern auch Shākyamuni folgten. Kurz vor seinem Tod sagte er, man solle alle seine Bücher und Schriften verbrennen, denn nur eines sei wert, ihn zu überleben: Namu Amida Butsu. Das folgende ist aus einem der wenigen erhalten gebliebenen Briefe Ippens:

Du fragst mich nach der inneren Haltung, die du gegenüber dem Nembutsu einnehmen sollst. Vom Nembutsu-Jünger ist einzig und allein verlangt, «Namu Amida Butsu» zu sagen, und darüber hinaus kann ich dir keine Anweisung geben. Indem du «Namu Amida Butsu» sagst, bekommst du deinen geistigen Frieden.

All die Lehren, die uns die Gelehrten und Weisen hinterließen, sind Hinweise, die uns von den vielen Formen der Verblendung erlösen sollen. Aber das sind doch nur vorläufige Heilmittel. Ein Nembutsu-Jünger braucht sie eigentlich nicht. Das Nembutsu unter allen Umständen zu sprechen – das ist genug.

Als Kūya Shōnin einst gefragt wurde: «Wie soll man das Nembutsu sprechen?», da sagte er nur: «Preisgabe!»* und sonst nichts. Dies ist in Saigyos poetischer Sammlung aufgezeichnet, und für mich ist das ein wahrhaft goldener Ausspruch. «Preisgabe!» – nur das ist vom Nembutsu-Jünger

* Einer von Ippens Versen lautet:
Wenn der Geist, der den Körper preisgibt, preisgegeben wird, lenkt die Welt nicht mehr ab,
in der ich eingehüllt in das schwarze Mönchsgewand lebe.

verlangt. Gib nur Gelehrsamkeit, Weisheit und Unwissenheit gleichermaßen preis; gib nur alle Vorstellungen von gut und böse, reich und arm, edel und niedrig, Hölle und Paradies preis und dazu alle Arten von Satori, die von den verschiedenen Schulen des Buddhismus hochgehalten und gelehrt werden. Leg nur alle diese verwirrenden Vorstellungen und Wünsche ab, und überlaß dich ganz dem «Namu Amida Butsu». Dies ist in vollkommener Übereinstimmung mit Amidas transzendentem Gelübde, also rezitiere immer wieder einfach das Nembutsu und habe sonst nichts im Sinn. Dann wird der Augenblick kommen, da du erkennst, daß es bei diesem Rezitieren weder «Buddha» noch «Ich» gibt und daß Vernunftgründe hier keinen Platz haben. In welcher Umgebung du dich dann auch finden magst, sei sie gut oder schlecht, alles ist dann für dich das Land der Reinheit, denn hier ist für dich nichts zu suchen und nichts zu meiden.

Alle Lebewesen, aber auch die Berge und Flüsse, die Gräser und Bäume, der sausende Wind und die wogenden Wellen – sie alle bilden *einen* Klang in diesem Rezitieren des Nembutsu. Nicht nur der Mensch ist gemeint in Amidas Ur-Gelübde.

Wenn du diese Rede nicht verstehst, so bekümmere dein Herz nicht damit. Laß sie nur auf sich beruhen, gib sie preis mitsamt allem anderen und überlaß dich ohne bange Fragen und ohne Absichten dem Ur-Gelübde und der Rezitation des Nembutsu. Das «Namu Amida Butsu», in welcher Geistesverfassung auch immer es gesprochen wird, ob im vollen inneren Einverständnis oder nicht, kann nicht im Widerstreit mit dem aus transzendenter Weisheit erwachsenen Ur-Gelübde Amidas sein, sondern ist diesem Gelübde in seinem vollen Umfang angemessen. Nur dies zählt, und um alles andere braucht man sich nicht zu sorgen. Ich habe nur den einen Wunsch, daß du deine ursrpüngliche Einfalt und Natürlichkeit zurückgewinnst und dein Nembutsu sprichst: «Namu Amida Butsu.»

3

Kuei-tsung Chih-chih bewohnte eine bescheidene Hütte auf dem Berg Lu, und als er Einsicht in die Wahrheit des Zen gewann, schrieb er diesen Vers:

Bist du dort noch nicht gewesen, so geh unbedingt
einmal hin,
doch bist du erst da, so ahne ich wohl ein Lächeln
auf deinen Lippen –
Die Brauen sind im Grunde zu nichts nütze,
doch ohne sie, wie unansehnlich!

Von ihm stammt auch der folgende Vers, in dem er seine Sicht der Leere sehr deutlich darlegt; jedenfalls haben wir hier nicht einfach die Beschreibung eines zurückgezogenen Lebens in Gesellschaft der Wolken:

Auf dem Berggipfel, der tausend andere überragt,
eine einsame Hütte,
die eine Hälfte bewohnt ein alter Mönch, die andere
nimmt eine Wolke ein.
Letzte Nacht stürmte es, und die Wolke wurde verweht –
Der Stille eines alten Mannes ist eine Wolke wohl
doch nicht gewachsen.*

* *Hsü-chuan-teng-lu*, XVI.

BUDDHISMUS UND ZEN IN DER JAPANISCHEN KULTUR.*

Der Buddhismus wurde im Jahr 522 offiziell in Japan eingeführt, und die sehr enge und vitale Beziehung, die er mit der Kulturgeschichte des Landes eingegangen ist, blieb bis heute bestehen. Tatsächlich enthält diese Geschichte kaum eine Seite, auf der nicht von den Leistungen des Buddhismus für das intellektuelle, ästhetische und spirituelle Leben der Japaner die Rede wäre. Und das ist auch nicht anders zu erwarten, denn zur Zeit seiner Einführung repräsentierte der Buddhismus eine Zivilisation von erheblich höherem Entwicklungsstand. Hinter ihm standen Kulturen wie die indische, die chinesische und die koreanische, die der japanischen in den Künsten und Handwerken, an Bildung und gesellschaftlicher Entwicklung weit voraus waren. Prinz Shōtoku (574–622) wirkte nicht nur als weitblickender Staatsmann und hochbegabter Geist, sondern auch als eine Seele von tiefer Frömmigkeit wie der Genius eines ganzen Zeitalters für ein neues Japan: Er erbaute buddhistische Tempel, schrieb Kommentare zu Mahāyāna-Sūtras, förderte die Künste, entsandte Schüler nach China, richtete Hospitäler und Schulen ein, kompilierte Geschichtswerke und legte die Prinzipien des Staatswesens nieder. Der Buddhismus war nicht nur ein großes religiöses System, sondern wurde hier zu einer Inspirationsquelle für

* Dieser Beitrag basiert auf den Vorträgen, die der Autor 1931 an der Summer School of Oriental Culture for Foreigners in Kyōto hielt.

alle Bereiche des menschlichen Lebens. Wer Nara und seine Umgebung gesehen hat, wird sehr genau wissen, was ich hier meine. Mit all seinen Schätzen ist das Hōryūji (Hōryū-Kloster) auch heute noch ein Wunderwerk.*

Ich kann hier den Einfluß des Buddhismus auf die Kultur des japanischen Volks nicht in allen Einzelheiten darstellen und möchte deshalb nur kurz auf die Bedeutung des Buddhismus – vor allem des Zen-Buddhismus – für das intellektuelle und künstlerische Leben Japans eingehen.

DIE LEHREN VON HĪNAYĀNA UND MAHĀYĀNA

Dazu müssen wir uns zunächst vergegenwärtigen, was für ein Buddhismus das war, der da nach Jahrhunderten der Entwicklung auf dem Kontinent nach Japan kam.

Wir unterscheiden im allgemeinen zwischen Hīnayāna- und Mahāyāna-Buddhismus. Historisch stellt das Hīnayāna die ursprüngliche Form des Buddhismus dar und das Mahāyāna ein weiterentwickeltes System. Um das Kennzeichnende beider Schulen kurz zu umreißen: Das Ideal der Hīnayāna-Schulung ist die Arhatschaft, das der Mahāyāna-Schulung die Bodhisattvaschaft.

Ziel eines buddhistischen Lebens ist Bodhi, die Erleuchtung. Hierin stimmen Hīnayāna und Mahāyāna überein, doch die Anhänger des Hīnayāna unternehmen von sich aus nichts, um den Segen der Erleuchtung auch allen anderen Lebewesen zugänglich zu machen – und zwar bedingungslos.** Einem Hinayanisten ist es genug, wenn er selbst durch

* Siehe Anhang.

** Hiermit ist die Tariki-Lehre, die Lehre von der «Kraft des anderen», angesprochen, die sich in Japan im dreizehnten Jahrhundert entwickelte. Nach dieser Lehre, die zuerst von Shinran (1173–1262) vertreten wurde, sind wir zu sehr durch die Sünde belastet, als daß wir uns durch unermüdliches eigenes Streben Erleuchtung findet. Natürlich ist er keineswegs ohne missionarischen Geist, sondern möchte seine Schüler und andere Menschen dazu bringen, wie er zu denken und zu empfinden, also die Lehre des Buddha anzunehmen und sich der buddhistischen Disziplin zu unterwerfen; aber was er hierbei für andere tut, ist doch mehr oder weniger intellektueller Natur. Wenn andere den strengen Maßstäben nicht entsprechen, wird ihnen eben zuteil, was ihnen nach dem Gesetz von Ursache und Wirkung zusteht; wenn sie nicht erreichen, wonach sie trachten, werden sie eben nicht erleuchtet. Der Hinayanist kann ihnen dabei nicht helfen, denn jeder muß seine Erlösung selbst erwirken – so

eigenes moralisches und intellektuelles Streben von der schweren Bürde der Unwissenheit und des Karma befreien könnten. Hier hilft uns nur die Kraft des Glaubens – des Glaubens an die sogenannten Ursprünglichen Gelübde des Buddha Amitābha. Von uns ist nichts weiter verlangt als das absolute Vertrauen, daß Amitābhas spirituelle Kraft wirklich alles erreichen kann. Er hat in seinen früheren Leben alles verwirklicht, was zu unserer Befreiung nötig ist, und wir müssen uns jetzt nur noch rückhaltlos dieser «Kraft des anderen» überlassen, nämlich der Liebe Amitābhas.
Kennzeichnend für den Hinayanisten oder Arhat ist sein starker Glaube an das Gesetz von Ursache und Wirkung; hierin könnten wir ihn als wissenschaftlichen und individualistischen Geist bezeichnen. Er glaubt nicht an die Suspendierung des Gesetzes durch das Mysterium des Glaubens und der Liebe. Im Mahāyāna spielt nun der soziale Aspekt des buddhistischen Lebens eine weitaus größere Rolle, und so ist es kein Wunder, daß hier andere und größere Kräfte als die des Individuums ins Spiel kommen. Und dieses Auftreten einer überindividuellen Kraft begründete das Entstehen des Bodhisattva-Ideals.
Mit der Entwicklung des Bodhisattva-Ideals ging eine Säkularisierung des Sangha-Lebens einher. Es könnte auch sein, daß eine allmähliche Säkularisierung das Klosterleben, das dem Shrāvaka und dem Pratyekabuddha ja den denkbar besten Unterschlupf bot, ein wenig in Verruf brachte. Diese Umwandlung steht aber ganz im Geist des ursprünglichen Buddhismus, dem es ja von jeher darum ging, die Welt aus den Ketten der Verblendung und des Karma zu befreien. Darin sind japanische Buddhisten echte Nachfolger des Buddha.

jedenfalls die Ansicht der Hīnyāna-Schule. Der Arhat ist ein einsam erhabener Philosoph, ganz versunken in die Seligkeit seiner Erleuchtung. Menschliches Mitempfinden und allumfangende Liebe gehen ihm weitgehend ab. Wo ihm das Leiden begegnet, da schaut er es nur kühl distanziert an und sagt den Leidenden, was sie selbst unternehmen müssen, um sich aus ihrer qualvollen Lage zu befreien. Mehr als das tut er nicht für andere und kann er nicht für andere tun – er erntet, was er sät. Der Arhat oder Hinayanist ist ein Ultra-Individualist.

Im Mahāyāna wird der Liebes-Aspekt des religiösen Lebens stärker betont als der rationale. Der Bodhisattva überläßt alles Verdienst, das er durch sein Bodhisattva-Leben angesammelt haben mag, den anderen Lebewesen, damit ihre spirituelle Kraft zunehmen kann. Er schiebt sogar seine endgültige Erleuchtung auf, obgleich er den spirituellen Entwicklungsstand erreicht hat, der ihm erlauben würde, ins Nirvāna einzugehen.* Er weiß, daß es noch viele leidende

* Wie wir schon in früheren Essays dieser Reihe gesehen haben, orientiert sich diese Haltung an der Lehre von den «geschickten Mitteln» (*upāya*) und vom «Überlassen» oder «Übereignen» (*parināmana*). Auch Upāya, aus Prajñā und Karunā geboren, ist charakteristisch für das Mahāyāna, aber von etwas allgemeinerer Natur als Parināmana. Im Parināmana haben wir den eigentlichen Ausdruck der Mahāyāna-Haltung. Der Ausdruck beinhaltet, daß man alles Gute, was aus eigenem Verdienst erwachsen mag, den anderen Wesen widmet oder «überläßt». Dies widerspricht natürlich einer individualistischen Auffassung von Karma und der ursprünglichen Sicht des Gesetzes von Ursache und Wirkung im moralischen Bereich. Parināmana ist unmöglich, solange man auf eine dualistische Welt von Sein (*astitva*) und Nichtsein (*naāstitva*) beschränkt ist. Durch Prajñā und Karunā wird diese überwunden, und nun kann Parināmana wirksam werden.
Parināmana wirkt in zwei Richtungen. Die eine ist nach der Darstellung des *Prajñāpāramitā-Sūtra* dadurch gegeben, daß der Bodhisattva all sein Verdienst der Verwirklichung der universalen Erleuchtung (*sambodhi* oder *sarvajñatā*) aufopfert. Dies könnten wir als die Aufwärtsbewegung der Parināmana bezeichnen. Die andere geht vom Buddha oder von Sarvajñatā aus zu allen Wesen hin. Die Kraft der Buddhaschaft wird gleichsam als Emanation auf alle Lebewesen übertragen, denen damit

Wesen gibt, und er empfindet es als seine Aufgabe, an ihrer Erweckung mitzuwirken. Wie stark die Kette des individuellen Karma auch sein mag, der Bodhisattva geht mit ganzem Herzen daran, sie zu sprengen. So kann er am großen Plan der Erleuchtung aller Wesen und der Erlösung der ganzen Menschheit mitwirken. (Im Buddhismus meint Erlösung nicht nur den Menschen, sondern die gesamte Schöpfung. Auch Tiere, Pflanzen, Flüsse und Berge sind einbezogen in diesen Plan der Erlösung, das heißt der Verwirklichung der Buddhaschaft.*)

«Bodhisattva» war ursprünglich ein Name, den der Buddha in der Zeit vor seiner Erleuchtung trug, als er sich in den Sechs Tugenden der Vollkommenheit (*pāramitā*) übte. Das Mahāyāna mißt dieser Phase im Leben des Buddha große Bedeutung bei. In der Übung der Pāramitās ist impliziert, daß der Mensch ein gesellschaftliches Wesen ist, und dem liegt wohl der Gedanke zugrunde, daß der einzelne nicht vollkommen sein kann, solange die Gesellschaft es nicht ist. Das bedeutet auch, daß das Individuum vollkommen wird, wenn es seine Individualität an das All preisgibt, dem es angehört. Indem der einzelne sich verliert, gewinnt er etwas Größeres, als er selbst ist, und seine Vollendung besteht eben darin, mehr zu sein als er selbst.

geholfen wird, das Leben der Verblendung und Leidenschaft hinter sich zu lassen. Im Shin-Buddhismus spricht man hier von der «Kraft von Amidas Ur-Gelübde», die zum Fundament eines auf den ersten Blick sehr einfachen, aber doch sorgfältig durchgestalteten Systems gemacht wurde. In anderen Schulen des Buddhismus kennt man diese Kraft unter der Bezeichnung Adhisthana, was soviel wie «Basis» oder «Autorität» oder «tragende Kraft» bedeutet.

Aufgrund dieses Zusammenwirkens der Kräfte zwischen dem Buddha und den Lebewesen wird der universale Plan der Erleuchtung und Befreiung bis ans Ende aller Zeit ohne Unterbrechung weiterverfolgt.

* Vgl. hierzu Beatrice L. Suzuki: *Nōgaku*, worin sie erzählt, wie der Geist des Schmetterlings oder des Schnees oder der Bananenstaude Buddhaschaft erlangt.

Die Pāramitās sind in mehrfacher Hinsicht kennzeichnend für das Mahāyāna. Einige von ihnen gelten in allen religiösen Systemen als Kardinaltugenden, doch andere lassen eine ganz spezifische Mahāyāna-Prägung erkennen.

Die Sechs Tugenden sind:

1. Gebefreudigkeit oder Wohltätigkeit (*dāna*). Gemeint ist hier nicht nur das Geben von Gütern, die man reichlich besitzt; für den Dharma und das Wohl aller Wesen gibt man vielmehr rückhaltlos alles, was man hat, sogar sich selbst.

2. Sittlichkeit (*shīla*). Dies ist einerseits das Halten der buddhistischen Gebote und zum anderen das tugendhafte Handeln zum eigenen Wohl und zum Wohl anderer.

3. Energisches Bemühen (*vīrya*). Gemeint ist das beständige eigene Bemühen um die Beförderung des Guten. Das mahayanistische Leben ist ein Leben des entschlossenen und vollen Einsatzes, und nicht nur in diesem Leben, sondern auch in künftigen – deren Folge vielleicht nie endet.

4. Demut (*kshānti*). Wir finden hier häufig auch die Übersetzung «Geduld», doch «Demut» ist treffender. Gemeint ist nicht nur das Ertragen aller möglichen äußeren Übel, sondern ein Gefühl des Unwerts, der Beschränktheit und Sündhaftigkeit.

5. Meditation (*dhyāna*). Nicht im Sinne der Meditation über eine moralische Maxime oder einen philosophischen Ausspruch, sondern Meditation als Übung für das Stillwerden des Geistes.

6. Transzendente Weisheit oder Erkenntnis (*prajñā*). Diese Weisheit ist eigentlich das, was die Erleuchtung ausmacht – intuitive Einsicht in das wahre Wesen der Dinge, die uns aus allen Fesselungen des Daseins befreit und zum Herrn unserer selbst macht.

MAHĀYĀNA: PHILOSOPHIE UND PRAXIS DER LEERE

Betrachten wir nun die philosophischen Grundlagen des Mahāyāna-Buddhismus. Die Lehre vom Nicht-Ich (*anatta* auf Pāli, *nairātmya* auf Sanskrit) ist Hīnayāna und Mahāyāna gemeinsam, doch erst im Mahāyāna wurden die Implikationen ganz entwickelt, was schließlich zur Lehre vom «Körper des Gesetzes» oder Dharmakāya führte; es dürfte hier besser sein, beim Sanskrit-Begriff zu bleiben, da «Körper des Gesetzes» zu Mißverständnissen Anlaß gibt.*

* Von der Anatta- oder Nairātmya-Lehre zum Dharmakāya ist es ein großer Sprung, und man muß sehr genau die historische Entwicklung nachzeichnen, um verstehen zu können, wie die «Drei Körper» (*trikāya*) eine so beherrschende Stellung im System des Mahāyāna bekommen konnten. Wir könnten das Wesentliche so zusammenfassen: Es gibt zwei Arten von Nairātmya, nämlich Pudgala- und Dharma-Nairātmya. Die Leere von der Nicht-Substanzhaftigkeit des Ich oder der Seele (*pudgala-nairātmya*) gilt im Hīnayāna wie im Mahāyāna, während die Lehre von der Nicht-Substanzhaftigkeit aller Einzeldinge (*dharma-nairātmya*) ausschließlich dem Mahāyāna zugeschrieben wird. Die Dharma-Nairātmya-Lehre besagt, daß alle Einzelexistenzen insofern ohne letzte Wirklichkeit sind, als sie kein dauerhaftes und frei agierendes Wirkprinzip besitzen. Dies ist eine psychologische Formulierung des Gesetzes vom Entstehen in Abhängigkeit (*pratītya-samutpāda*). Wir könnten auch sagen, daß Dharma-Nairātmya eine erweiterte Form von Pudgala-Nairātmya ist. Die ontologische Entsprechung der Nairātmya-Doktrin ist die Shūnyatā-Lehre (die wir in früheren Essays dieser Reihe schon ausführlich erörtert haben).
«Dharmakāya» ist eigentlich nur die ins Positive gewendete Form des Begriffs «Shūnyatā». Ursprünglich war der Dharmakāya dem Rūpakāya gegenübergestellt: auf der einen Seiten der Dharma als der wahre Körper des Buddha und auf der anderen der physische Leib, der Geburt und Tod unterworfen ist. Der Rūpakāya vergeht wie alle Dinge der Welt, doch der Dharmakāya des Buddha kann nicht vergehen, denn der Dharma ist das, was bleibt. Später gewann «Dharmakāya» auch die Bedeutung «wahre Wirklichkeit», und damit ist die Soheit aller Dinge gemeint. So bezeichnet dieser Begriff nicht nur das wahre Wesen aller Buddhas, sondern auch den Grund und das Sein aller Dinge.
Eigentlich hat Shūnyatā keinen negativen Nebensinn, sondern ist nichts

Wenn wir recht verstehen wollen, was im Mahāyāna mit «Dharmakāya» gemeint ist, müssen wir einiges über die Philosophie des Buddhismus wissen, denn der Dharmakāya ist nur einer der Drei Körper und in seiner Bedeutung nicht unabhängig von den beiden anderen, die Sambhogakāya und Nirmānakāya oder «Körper des Entzückens» und «Körper der Verwandlung» genannt werden.* Kurz gesagt, ist der

anderes als Tathatā – Leere ist Soheit, und Soheit ist Leere. Dies ist die tiefe Einsicht des *Prajñāpāramitā-Sūtra*. Die Soheit des Buddha ist nun der Dharmakāya, und dieser Dharmakāya wird wahrnehmbar, wenn wir die Nicht-Ichhaftigkeit (*nairātmya*) der Einzeldinge (*dharma*) und der individuellen Seele (*pudgala*) erfahren

* Wir können die Trikāya-Lehre summarisch etwa so auslegen: Der Dharmakāya ist das wahre Wesen aller Buddhas und aller Wesen. Nur aufgrund des Dharmakāya existiert überhaupt irgend etwas, und ohne ihn wäre die Welt undenkbar. Insbesondere ist der Dharmakāya das zeitlos wahre Wesen aller Lebewesen, und in diesem Sinne ist er Buddhatā, das «Buddha-Wesen», das allen Lebewesen zu eigen ist. Der Sambhogakāya ist der spirituelle Körper der Bodhisattvas, und sie erfreuen sich seiner als der Frucht ihrer Selbstschulung und der Übung der Pāramitās. Sie erlangen ihn aufgrund des Gesetzes von Ursache und Wirkung, und sie sind in ihm endlich befreit von allen Mängeln und Befleckungen, die dem Bereich der fünf Skandhas anhaften. Der Nirmānakāya entspringt dem «großen liebenden Herzen» (*mahākarunā*) der Buddhas und Bodhisattvas. Aufgrund dieser erbarmenden Liebe, die sie für alle Lebewesen hegen, verweilen sie nicht einfach beim Genuß der Früchte ihres sittlichen Handelns, sondern empfinden das Verlangen, diese Früchte mit allen Wesen zu teilen. Könnte der Bodhisattva die Leiden der Verblendeten auf sich nehmen und sie dadurch erlösen, er würde es tun. Könnte der Bodhisattva den Verblendeten seinen Vorrat an Verdienst aushändigen und sie damit erleuchten, er würde es tun. Dieses Überlassen des Verdienstes und das stellvertretende Leiden geschieht aber durch den Nirmānakāya, den Verwandlungskörper des Bodhisattva. In räumlicher Metaphorik gesprochen: In dieser Form teilt sich der Bodhisattva in unzählige Wesen auf und kann dann in der kriechenden Raupe ebenso erkannt werden wie in einem himmelhoch aufragenden Berg, in der Gestalt des heiligen Franz von Assisi ebenso wie in der des weltverschlingenden Bösen – wenn er es für nötig erachtet, diese Gestalt anzunehmen, um eine Welt zu retten, die der Verblendung und Leidenschaft, dem Schmutz und der Verdorbenheit verfallen ist.

Dharmakāya die letzte Wirklichkeit, die das Sein aller Dinge ausmacht – und dies wird gemeinhin fälschlich als Ich-Substanz aufgefaßt.

Psychologisch können wir den Dharmakāya als das Ālaya-Vijñāna oder «All-bewahrende Bewußtsein» beziehungsweise «Speicherbewußtsein» auffassen, von dem in der Yogāchāra-Schule des Buddhismus so viel die Rede ist. Das Ālaya-Vijñāna ist ungefähr dem vergleichbar, was wir als transzendentes oder universales Bewußtsein bezeichnen könnten, also ein Bewußtsein, das unserem gewöhnlichen relativen Bewußtsein zugrunde liegt. In allen Formen buddhistischer spiritueller Schulung geht es darum, dieses universale Bewußtsein, das alle Dinge in ihrer Essenz oder als Keim (*bīja*) speichert, zu läutern – und dies geschieht durch das individuell manifestierte Bewußtsein. Vergessen wir aber nicht, daß wir auf dieser psychologischen Ebene noch weit vom Dharmakāya entfernt sind, der für unser gewöhnliches Bewußtsein absolut unerreichbar ist.

Aus einem anderen Gesichtswinkel betrachtet ist das Ālaya-Vijñāna auch Shūnyatā, die Leere. Wenn wir Ālaya-Vijñāna als psychologischen Ausdruck auffassen, so ist Shūnyatā ein ontologischer – oder sollte ich sagen erkenntnistheoretischer? – Begriff. Wenn nämlich die Ebene der logischen Relativität transzendiert werden soll, damit sich das Absolute und Endgültige erschließt, müssen wir zwangsläufig zur Leere kommen. Solange Leere als etwas Relatives aufgefaßt wird, können wir die Logik nicht transzendieren – und Logik ist nichts, worin die Seele dauerhaften Frieden finden könnte. Schließlich muß doch die Leere unsere letzte Zuflucht sein. Es erübrigt sich wohl zu sagen, daß mit «Leere» kein bloßes Nichts gemeint ist.

Dennoch ist «Leere» ein weitgehend mißverstandenes und vielfach mißbrauchtes Wort. Der Mahāyāna-Buddhismus kennt hier einen anderen Begriff mit eher affirmativem Gehalt. Ich meine den Begriff Tathatā, der gemeinhin mit «Soheit» übersetzt wird. Für den Mahayanisten ist das Dasein stets im Zustand der Soheit, da es aber nicht so wahrgenommen wird, entsteht Verblendung, und daraus wiederum gehen Voreingenommenheit, Leidenschaften und Schwierigkeiten aller Art hervor. Wenn wir das Dasein als dies oder das betrachten – als Sein oder Nichtsein, ewig oder vergänglich –, so ist das reine Gedankenkonstruktion und nicht die Wirklichkeit, wie sie an sich selbst ist. Es bedarf äußerster geistiger Klarheit, um die Wirklichkeit in ihrer Soheit zu sehen und sich nicht in subjektiven Vorstellungen zu verfangen. Diese Klarheit ist der Bereich der intuitiven Einsicht, und erst wenn wir hierhin gelangt sind, realisieren wir, was Shūnyatā und Tathatā wirklich bedeuten.

Diese allgemeinen Aussagen können zu schweren Mißverständnissen Anlaß geben, wenn wir sie nicht nach den verschiedenen Schulen des Buddhismus differenzieren. Die Yogāchāra-Schule, die wir als «psychologisch» bezeichnen könnten, versucht die Welt vom Bewußtsein her zu deuten, während die «ontologische» Schule der Mādhyamika allen Einzelerscheinungen eine eigene letzte Wirklichkeit abspricht und gerade in ihrer Leerheit die eigentliche Wirklichkeit sieht. Der Begriff «Dharmakāya» schließlich hat wieder eine ganz andere Entwicklung genommen. Und da alle diese Denkströmungen niemals gründlich systematisiert worden sind, wissen die Menschen, die sich mit dem Buddhismus beschäftigen, häufig nicht, wie sie diese Vorstellungen und Begriffe harmonisch zueinander in Beziehung setzen sollen. Auch meine kurzen Erläuterungen können hier nur eine grobe Orientierungshilfe bieten.

Viele Menschen tun sich schwer, das Gedankengut des Buddhismus adäquat zu erfassen. Und gerade Europäer scheitern immer wieder, wenn es um so profunde Begriffe wie «Leere» oder «Soheit» geht. Immer wieder wird dem Buddhismus vorgehalten, er leugne das Dasein überhaupt und lehre Nihilismus und Negativismus. Auf den ersten

Blick gibt es tatsächlich Anhaltspunkte für solch eine Einschätzung – Shūnyatā scheint in der Tat die Negation des Seins der Dinge zu beinhalten. Der Buddhismus lehrt aber, auch über diese Negation hinauszugehen, denn da erst ist die Wirklichkeit von Shūnyatā: Wenn wir in dieses Reich des absoluten «Allein» (*viviktā*) gelangen, erfassen wir, was Leere und Soheit sind, denn dies ist in der Tat erfaßbar, allerdings nicht im relativen Sinn, nicht mit dem Verstand. Und von diesem Erfassen her können wir dann die Welt der Einzeldinge als das nehmen, was sie eigentlich ist.

Auf die Frage: «Was ist der Weg?», die auf die letzte Wahrheit des Buddhismus abzielt, antwortete Wei-k'uan: «Was für ein schöner Berg!» (Der Berg nämlich, auf den er sich zurückgezogen hatte.)

Der Fragesteller sagte: «Ich befrage Euch nicht über den Berg, sondern über den Weg.»

Der Meister sagte: «Solange du nicht über den Berg hinausgelangst, erreichst du den Weg nicht.»

Ein andermal, wiederum über den Weg befragt, erwiderte er: «Er liegt direkt vor deinen Augen.»

«Warum sehe ich ihn dann nicht?»

«Das liegt an deiner Ich-Vorstellung.»

«Wenn ich ihn wegen meiner Ich-Vorstellung nicht sehe – seht Ihr ihn?»

«Solange du dualistische Anschauungen wie ‹Ich sehe nicht› und ‹Du siehst› hegst, solange du ein ‹Dies› und ein ‹Das› siehst, ist dein Blick getrübt. Wenn da aber weder ein ‹Ich› noch ein ‹Du› ist – wer ist es dann, der sehen möchte?»

Diesem letzten Satz des Meisters möchte ich anfügen: Eben weil da niemand ist, der sehen möchte, was der Weg ist, kann dieser Berg ein stiller Rückzugsort für die Mönche sein, und die wilden Blumen blühen hier, auch wenn keiner der Stadtmenschen so weit herauskommt, um sie zu bestaunen.

Dem Mahāyāna-Buddhismus wird häufig auch vorgehalten, er sei pantheistisch. Für den Mahayanisten sind alle Dinge, sogar die unbelebten, mit Buddha-Wesen begabt, und so scheint sein Denken doch zumindest einen pantheistischen Zug zu haben. Doch wenn wir uns den folgenden Austausch aufmerksam vergegenwärtigen, kommen wir vielleich zu einem anderen Ergebnis:

Ein Mönch fragte Wei-k'uan (Ikan): «Hat ein Hund Buddha-Wesen?»

Wei-k'uan sagte: «Hat.»

Mönch: «Hat der Meister Buddha-Wesen?»

Wei-k'uan: «Habe nicht.»

Mönch: «Jedes Geschöpf hat Buddha-Wesen; wie kommt es, daß der Meister es nicht hat?»

Wei-k'uan: «Ich bin nicht ‹jedes Geschöpf›».

Mönch: «Wenn der Meister kein Geschöpf ist, ist er ein Buddha oder nicht?»

Wei-k'uan: «Bin kein Buddha.»

Mönch: «Was für ein Ding ist der Meister eigentlich dann?»

Wei-k'una: «Bin kein Ding.»

Mönch: «Soll ich es nun sehen oder denken, oder nicht?»

Wei-k'uan: «Es ist jenseits des Denkens. Deshalb wird es ‹unmöglich zu denken› genannt.»

Der Mahayanist sieht also etwas jenseits der individuellen Wirklichkeiten, etwas, das nicht einfach «in» ihnen ist. Wir könnten auch sagen: Das Buddha-Wesen ist zwar in allem manifest – im Hund, in einer Pflanze, in einem Stein, in einem Bach, in einem Staubkorn, in dir, in mir, im Verblendeten ebenso wie im Buddha –, aber es ist auch jenseits all dessen und sowohl unserem Denken als auch unserer Vorstellungskraft verschlossen. Diese Sicht der Wirklichkeit kann man kaum pantheistisch nennen.

Es läßt sich noch ein weiterer Einwand gegen die pantheistische Deutung der buddhistischen Philosophie vorbringen. Als Meister Hang-chou T'ien-lung (Kōshū Tenryū) auf die

Frage «Was ist Buddha?» nur einen Finger hob*, wollte er damit nicht sagen, der Finger sei der Buddha oder eine Manifestation des Buddha. Wäre dem so, dann könnten wir wohl von Pantheismus sprechen. Doch in dem Finger war nicht im entferntesten auch nur eine Andeutung dieser Art. Lassen Sie mich hier einen unnötigen und nicht zu rechtfertigenden Kommentar anfügen, nur um zu zeigen, daß T'ien-lung aber auch gar nichts mit Pantheismus zu schaffen hat: Sein Finger steht hier ganz für sich, ohne jeden Bezug zum Buddha, zu seinen Lehren oder zu räumlich-zeitlichen Beziehungen irgendwelcher Art; der Finger ist hier in seinem «absoluten Allein» zu sehen, er ist nicht in irgendeiner Weise zu bestimmen, weder logisch noch metaphysisch, noch theologisch – nur dieser Finger, vor Ihnen erhoben, ist die denkbar bedrohlichste Wirklichkeit, und bei der kleinsten Regung fahren Sie pfeilgerade zur Hölle.

ZUGANGSWEGE ZUR ERLEUCHTUNG

Drei Zugangswege, vereinfachend gesagt, führen den Buddhisten zur Erfahrung der Soheit, der praktische, der intellektuelle und der Weg der unmittelbaren Einsicht oder Intuition.

Die praktische Methode spielt in allen buddhistischen Schulen eine Rolle, doch an der Shingon-Schule wird vielleicht am ehesten deutlich, was hier gemeint ist. Die Methode besteht darin, die Umgebung so zu arrangieren, daß der Geist harmonisch mit der so geschaffenen Atmosphäre mitschwingt: Das Ohr lauscht weihevollen Rezitationen, das Auge gewahrt die heiligen Bilder der Buddhas und Bodhisattvas, die Nase empfängt Düfte, die himmlischen Ursprungs zu sein scheinen, die Hände formen die geheimen Mudrās, und der Mund spricht heilige Mantras von tiefer

* Vgl. *Satori*, S. 196 (Anm. 4).

Bedeutung. Wenn all das richtig aufeinander abgestimmt ist, wird der Geist auf natürliche Weise davon beeinflußt und finder sich – ohne zu verfolgen, wie das geschieht – ganz durchdrungen von der subtilen Vāsanā, die von allen Teilen des Arrangements ausströmt.* Wird dies regelmäßig über einen gewissen Zeitraum wiederholt, so kann der Übende schließlich zu einer spirituellen Erfahrung kommen.

Die zweite Methode, ans Ziel der Mahāyāna-Schulung zu gelangen, bedient sich des Intellekts. Hierbei schult man sich in der Philosophie der Avatamsaka- (chin. Hua-yen-, jap. Kegon-) oder der Tendai-Schule. Die Avatamsaka-Schule lehrt ein hochabstraktes System des sogenannten vierfältigen Dharmadhātu, während in der Tendai-Schule eine dreifältige Sicht des Daseins kontempliert wird, die Leere, Relativität und den Mittleren Weg umfaßt. Diese Art der Schulung ist für einen hochentwickelten und bestens geschulten Intellekt gedacht. Ohne jahrelange philosophische Schulung kann man den tiefen spirituellen Sinn, um den es hier geht, nicht erfassen.

Die dritte Methode, die sich unseres Vermögens der intuitiven Einsicht bedient, ist das Zen. Auch das Nembutsu gehört möglicherweise hierher. Es ist die Methode des direkten Zugangs, in der Erklärungen, Analysen und Rituale keine

* *Vāsanā* ist der «Duft», der sich den Dingen und Wesen mitteilen kann, daher auch die Übersetzungen «Eindruck», «Erinnerung» oder «Gewohnheits-Energie». Gemeint ist, daß von jeder Tat, sei sie gut oder böse, eine Art Emanation ausgeht, die ihre Wirkungen hat. Und insoweit die ganze Welt mit ihren zehntausend Dingen für Taten der Vergangenheit steht, haben auch sie eine individuelle und kollektive Emanation. Die Emanationen sind von einer Kraft erfüllt, die ein Lebewesen, das mit ihnen in Berührung kommt, beeinflussen oder «mit Duft durchtränken» kann. Der Begriff «Vāsanā» gehört der psychologischen Schule des Buddhismus an, der zufolge das Ālaya-Vijñāna gleichsam ein Speicher aller dieser Emanationskeime ist.

Rollen spielen. Worin auch die Wirklichkeit bestehen mag, die es zu ergreifen gilt – im Zen muß sie direkt erfaßt werden, das heißt ohne vermittelnde Werkzeuge wie intellektuelle Durchdringung, Vorstellungskraft oder das Ansammeln von Verdienst. Hier muß die höchste spirituelle Kraft, aufgrund deren die Erleuchtung erlangt wird und die wir hier Intuition nennen, ohne Umwege erweckt werden.

Es dürfte sich von selbst verstehen, daß neben all diesen Methoden der spirituellen Schulung Dhyāna («Meditation») geübt wird, denn sonst könnte keine Art der praktischen, intellektuellen oder rituellen Schulung zum gewünschten Erfolg führen. Überall da, wo der Buddhismus praktisch ausgeübt wird, ist Dhyāna das eine, worauf nicht verzichtet werden kann. Im Zen bildet Dhyāna den Mittelpunkt und gilt als dasjenige Schulungsmittel, das in direkter Beziehung zum Erlangen der Erleuchtung steht. Der Begriff «Zen» leitet sich sogar von «Dhyāna» (jap. *zenna*) ab.

Zen hat sich als die für das östliche Bewußtsein praktikabelste und wirksamste der drei Methoden erwiesen, die man im Buddhismus anwendet, um den Zustand der Erleuchtung herbeizuführen. Da das Zen auch zur Ausprägung eines ganz eigenen künstlerischen Geschmacks bei den Japanern beigetragen hat, möchte ich nun im weiteren auf Zen und seine kulturelle Bedeutung eingehen.

In der Shingon-Schule weiß man den Wert der Form zu schätzen, und so ist sie auch der Ursprung vieler wunderbarer Kunstgegenstände. Tendai, Kegon (*avatamsaka*) und Yuishiki (*vijñaptimātra*) – drei Schulen des intellektuellen Flügels des Mahāyāna-Buddhismus – haben ohne Zweifel die intellektuellen Fähigkeiten gefördert. Und als Japan mit dem abendländischen Denken konfrontiert wurde, wußte es sehr wohl zu unterscheiden und konnte das Neue seinen eigenen Bedürfnissen anpassen. Daß man dem neuzeitlichen Idealismus und der Hegelschen Dialektik durchaus gewachsen war, lag ganz sicher daran, daß der japanische Intellekt schon durch die buddhistischen Philosophen streng geschult worden war.

Erstaunlicherweise gingen auch vom Zen Anregungen zum Studium der chinesischen Klassiker aus. Das Zen leistete dem Studium des buddhistischen Denkens zwar nicht bewußt Vorschub, sondern stufte solche Beschäftigungen eher als schädlich für die Entwicklung des intuitiven Vermögens ein, aber es wirkte ganz allgemein als «Missionar» des chinesischen Geisteslebens – der Dichtung, Geschichtsschreibung, Ethik, Philosophie, Schriftkunst, Malerei und so weiter. Es ist in der Tat bemerkenswert, daß eine so entschieden gegen akademisches Gelehrtentum eingestellte Schule so entscheidend zur Bewahrung und Weiterentwicklung eines alten kulturellen Erbes beitrug.

DIE HALTUNG DES ZEN GEGENÜBER DEM LEBEN

In gewissem Sinne ist Zen die chinesische Deutung der buddhistischen Erleuchtungslehre. Im Durchgang durch das Prisma des chinesischen Bewußtseins fächerte sich der Buddhismus in zahlreiche Schulen auf, und eine von ihnen war das Zen. Offenbar entsprach aber das Zen am besten der chinesischen Geisteshaltung, denn nach zwei Jahrtausenden des Buddhismus in China sind von den vielen Schulen gerade zwei übriggeblieben, und eine davon ist das Zen. Machten wir die offizielle Benennung zum Kriterium, so wäre Zen sogar die einzige in China noch existierende Strömung des Buddhismus; die Reines-Land-Lehre nämlich ist nie zu einer eigenständigen Schule geworden, sondern hat als eine Art Pensionsgast in Zen-Klöstern Unterschlupf gefunden.

Historisch gesehen ist die Ankunft Bodhidharmas in China (Anfang des sechsten Jahrhunderts) der Beginn des Zen. Seine eigentliche Gestalt gewann es aber erst durch E'no (Hui-neng, 637–714), den Sechsten Patriarchen, der aus Südchina stammte.*

Neben dem Beharren auf der alles überragenden Bedeutung der persönlichen Erfahrung für die Realisation der höchsten Wahrheit besitzt das Zen noch weitere kennzeichnende Züge, die den Geist des Ostens, insbesondere den Geist Japans, entscheidend mitgeprägt haben.

1. Geringschätzung der Form ist ein generelles Kennzeichen der Mystik, im Christentum ebenso wie im Buddhismus oder Islam. Wo es in erster Linie um den Geist selbst geht, sinken die Formen, in denen er zum Ausdruck kommt, zu sekundärer Bedeutung ab. Form muß nicht unbedingt verachtet werden, doch soll man ihr nur soviel Aufmerksamkeit schenken, wie unbedingt nötig ist. Wir könnten auch sagen: Das Herkömmliche rückt in den Hintergrund, damit die Ursprünglichkeit des einzelnen sich entfalten kann. Eben dadurch entsteht jener kraftvolle Ton der Innerlichkeit, den wir in allen mit dem Zen verbundenen Dingen wahrnehmen. Die Form selbst mag nicht besonders schön oder ansprechend sein, doch wir empfinden etwas Inneres oder Spirituelles, das trotz der Unvollkommenheit der Form oder gerade durch diese Unvollkommenheit spürbar wird. Das hat seinen Grund: Ist die Form perfekt, so sind unsere Sinne davon gesättigt, und der Geist vergißt – zumindest vorübergehend – sein tieferes Wirken. Wo das Äußere der Dinge uns zu sehr in Anspruch nimmt, kommen wir nicht dazu, ihnen den tieferen Gehalt zu entlocken. Tan-hsia T'ien-jan (jap. Tanka Tennen) wärmte sich an einem Feuer, das er mit einer hölzernen Buddhastatue unterhielt – und in diesem Feuer brannte auch alle bloß äußere Buddhaverehrung. Hsien-tzu (Kensu) wurde wider alle Regeln des Klosterlebens Fischer. Daitō Kokushi (1282–1337) wurde ein Bettler, und Kanzan Kokushi (1277–1360) war Kuhhirte.

* Zur Geschichte des Zen von Bodhidharma bis Hui-neng vgl. *Zazen*, S. 11–78.

2. Aus der Innerlichkeit des Zen folgt die Direktheit, mit der es den menschlichen Geist anspricht. Wenn die Form als Brücke entfällt, spricht ein Geist direkt zum anderen. Hebe einen Finger, und das ganze Universum ist da. Nichts könnte in dieser Welt der Relativität direkter sein. Das Medium der Kommunikation oder die Ausdruckssymbolik sind so weit beschnitten, wie es nur irgend möglich ist. Wenn eine Silbe, ein Blinzeln ausreicht, wozu dann ein ganzes Leben damit zubringen, dickleibige Bücher zu schreiben oder eine grandiose Kathedrale zu erbauen?

3. Statt Direktheit können wir auch Schlichtheit sagen. Wenn all das fallengelassen wird, was man braucht, um Ideen zu formulieren, kann ein einziger Grashalm für den Buddha Vairochana stehen. Der Kreis ist dann der vollkommene Ausdruck jener unermeßlichen Wahrheit, die ein Zen-Adept realisiert hat. Diese Schlichtheit bekundet sich auch im Leben. Eine einfache strohgedeckte Hütte in den Bergen, zur Hälfte gar noch den weißen Wolken überlassen, genügt dem weisen Einsiedler.* Mit Wurzelknollen, in der Glut des Dungfeuers gebacken, stillt er seinen Hunger und würdigt den Gesandten des Kaisers nur eines verächtlichen Blickes.**

4. Armut und Schlichtheit gehen Hand in Hand, aber einfach nur arm sein, das ist noch nicht Zen. Armut wird hier nicht einfach um der Armut willen gesucht. In sich selbst Genügen finden und wenig Wünsche haben – das mag freilich für andere wie Armut aussehen, aber man selbst fühlt sich darin keineswegs arm. Überhaupt ist «reich» und «arm» ein weltlicher Maßstab; für die Innerlichkeit des Zen hat Armut nichts mit Besitzlosigkeit zu tun und Reichtum nichts mit Überfluß an materiellen Gütern.

Erfahrungstatsachen zählen im Zen mehr als Symbole, Begriffe, Darstellungen aus zweiter Hand: Die Substanz ist alles,

* Siehe S. 99.

** Lan-tsan, gegen Ende des achten Jahrhunderts in der Regierungszeit des T'ang-Kaisers Te-tsung.

die Form nichts. Zen, könnten wir sagen, ist radikaler Empirismus. Deshalb ist Raum keine ausgedehnte objektive Gegebenheit und Zeit keine Linie mit einem Verlauf namens Vergangenheit, Gegenwart und Zukunft. Das Zen kennt keinen solchen Raum, keine solche Zeit, und so gelten ihm Vorstellungen wie Ewigkeit und Unendlichkeit als bloße Träume. Zen lebt nur in und als Erfahrungstatsachen. Man könnte diese Tatsachen als Augenblickserscheinungen auffassen, doch diese Augenblicklichkeit ist auch nur eine Gedankenkonstruktion. Wenn das Zen mit einem Blitz verglichen wird, der schon wieder verschwunden ist, bevor wir auch nur «Oh!» sagen können, so darf man daraus nicht schließen, daß bloße Schnelligkeit das Leben des Zen sei. Wir können aber sagen, daß langes Nachdenken und umständliches Zurechtlegen nicht gerade Zen-Tugenden sind. Ein Zen-Meister, in dessen Raum es durch das undichte Dach regnete, rief seinen Aufwärtern zu, sie sollten ihm etwas bringen, womit man die Tatami (Reisstrohmatten) trockenhalten könne. Einer von ihnen brachte ohne einen Augenblick des Zögerns einen Bambuskorb, während der andere überall nach einem Zuber suchte und diesen schließlich auch brachte. Der Meister, heißt es, war hocherfreut über den ersten Mönch, der den Korb brachte. Er hatte den Zen-Geist besser erfaßt als der andere, der so umsichtig vorging und dessen Weisheit sich dann natürlich als nützlicher erwies. Dieses Stadium nennt man im Zen «Nicht-Unterscheidung».

6. Innerster Ausdruck des Zen ist etwas, das ich «ewiges Allein» nennen möchte. Es ist so etwas wie die Erfahrung des Absoluten. Im *Lankāvatāra-Sūtra* finden wir den Ausdruck «Wahrheit des Alleinseins» (*viviktadharma*). Diese Wahrheit zu realisieren führt offenbar zur Erfahrung des ewigen Allein. Hier ist nicht das in allen religiösen Seelen lebendige Gefühl gemeint, daß wir uns einsam fühlen und uns nach etwas sehnen, das größer und stärker ist als wir selbst. Ich meine das Alleinsein eines absoluten Seins, das über uns kommt, wenn die Welt der Einzeldinge, die den Bedingungen von Raum,

Zeit und Kausalität unterliegen, zurückfällt, wenn der Geist sich aufschwingt und frei seine Bahn zieht wie die Wolken.

7. Nehmen wir alle diese Aspekte zusammen, so zeichnet sich darin deutlich eine charakteristische Grundhaltung des Zen gegenüber dem Leben ab. Wo diese Haltung künstlerischen Ausdruck findet, können wir vielleicht von einer Zen-Ästhetik sprechen. Die Kennzeichen dieser Ästhetik – sei es in der Malerei, der Schriftkunst, der Gartenkunst, beim Tee-Weg, in der Fechtkunst, im Tanz oder in der Dichtung – sind Schlichtheit, Direktheit, Rückhaltlosigkeit, Kühnheit, Leidenschaftslosigkeit, Selbst- und Weltvergessenheit, Innerlichkeit, Außerachtlassen der Form, freies Spiel des Geistes: Das ganze Werk ist durchströmt vom mystischen Hauch des schöpferischen Genius.

DER GEIST DES ZEN IN DER JAPANISCHEN KUNST

Das Zen ist also unter den Schulen des Mahāyāna-Buddhismus diejenige, von der die stärksten Impulse für die der japanischen Kultur eigentümlichen Kunstformen ausgingen. Meine bisherigen Ausführungen können vielleicht dazu beitragen, den Geist dieser Entwicklungsphase zu erfassen. Zur Veranschaulichung möchte ich nun eine Richtung der japanischen Malerei, die «Sumi-e» genannt wird, und eine japanische Gedichtform, das «Haiku», betrachten und schließlich die Worte der Unterweisung, die ein Zen-Meister an einen Meister der Schwertkunst richtet.

Das Zen kam im zwölften Jahrhundert nach Japan (siehe Anhang), und in den achthundert Jahren seiner Entwicklung hat es im Leben der Japaner seinen Niederschlag gefunden; es bekundet sich nicht nur im spirituellen Leben des Samurai, sondern ist auch künstlerisch umgesetzt in den Werken der gebildeten und kultivierten Schichten. Das Sumi-e, eine dieser Ausdrucksformen, ist kein Gemälde im abendländischen

Sinne, da es sich nur der schwarzen Tusche bedient und den weißen Grund in ganz anderer Weise einbezieht. Die Tusche wird aus Ruß und Leim bereitet; der Pinsel ist aus Schaf- oder Dachshaar und so gefertigt, daß er möglichst viel von der Flüssigkeit aufnehmen kann. Man benutzt ein dünnes Reispapier, das die Tusche sehr rasch aufsaugt – ganz im Gegensatz zu der Leinwand, auf die Ölfarben aufgetragen werden. Dies ist ein für den Sumi-e-Maler höchst bedeutsamer Unterschied.

Man hat dieses so zarte Material als Träger einer künstlerischen Inspiration gewählt, weil es darauf ankommt, diese Inspiration ohne jeden Verzug auf das Papier zu übertragen. Wo der Pinsel zu lange verweilt, da weicht das Papier auf und reißt. Die Linien sind so schnell wie möglich zu ziehen, und es sollen nur so viele sein, wie unbedingt erforderlich sind. Kein Zögern ist erlaubt, kein Löschen, kein Nachziehen, kein Retuschieren, kein Neugestalten – kurzum, kein »Herumdoktern« und Ausarbeiten. Einmal gezogen, stehen die Linien ein für allemal unverrückbar fest. Alles, was man dann noch zur Verbesserung unternimmt, ist aufgrund der Natur des Papiers mit schmerzhafter Deutlichkeit sichtbar. Die Inspiration ist etwas Spontanes, Absolutes, Augenblickliches, und genau so muß der Künstler ihr folgen; er läßt seinen Arm, seine Finger, seinen Pinsel einfach von ihr führen, als wären sie – mit allem, was er ist – nur Instrumente in den Händen von etwas, das zeitweilig Besitz von ihm ergriffen hat. Wir könnten auch sagen, daß der Pinsel das Werk ausführt, ganz außerhalb des Künstlers, der ihn einfach ohne bewußtes Zutun gewähren läßt. Sobald sich Überlegungen zwischen Pinsel und Papier schieben, wird alles verdorben.

Man kann sich leicht vorstellen, daß die Linien eines Sumi-e von unendlicher Vielfalt sein müssen. Es gibt hier kein Chiaroscuro und keine Perspektive. Sie sind auch nicht nötig, denn Realismus ist nicht der Anspruch der Sumi-e-Malerei. Es wird vielmehr angestrebt, den Geist des Abgebildeten auf dem Papier lebendig werden zu lassen. Jeder Pinselstrich muß also im Rhythmus von etwas Lebendigem mitschwingen. Jeder Strich muß selbst lebendig sein. Offenbar gelten für Sumi-e ganz andere Prinzipien als für die Ölmalerei. Die Leinwand bildet eine sehr widerstandsfähige Grundlage, und die Ölfarben können immer wieder abgetragen und übermalt werden, und so wird ein Bild hier nach einem wohlerwogenen Plan systematisch aufgebaut. Die Großartigkeit der Konzeption und die Stärke der Ausführung, von der realistischen Wirkung ganz zu schweigen, sind die Kennzeichen eines Ölgemäldes, das wir einem wohldurchdachten philosophischen System vergleichen können, dessen logische Fäden durchgängig miteinander verknüpft sind. Man könnte auch an eine Kathedrale erinnert sein, deren Pfeiler, Bogen und Fundamente aus massiven Steinen gefügt sind. Im Vergleich dazu ist ein Sumi-e die Armut selbst – spärlich in den Inhalten, sparsam in der Ausführung, kärglich in den Materialien. Doch wir Orientalen empfinden hier einen bewegten Geist, der geheimnisvoll die Linien, Punkte und angedeuteten Formen umschwebt – ein lebendiger Atem pulsiert darin. Eine einzelne blühende Lilie, scheinbar achtlos hingeworfen auf grobes Papier – und doch ist sie anrührender Ausdruck der zarten, jungfräulichen Seele eines vom rauhen Klima des weltlichen Lebens geschützt aufwachsenden jungen Mädchens. Ein oberflächlicher Betrachter mag in einem solchen Bild nicht viel Kunstfertigkeit und Inspiration entdecken – eben nur ein kleines nichtssagendes Fischerboot inmitten einer weiten Wasserfläche. Aber dann erreicht uns schließlich doch die Unermeßlichkeit dieses Ozeans, und wir spüren den Geist einer tiefen Gelassenheit, der inmitten der wogenden Wellen den Hauch der Ewigkeit atmet. Und all das mit solcher Leichtigkeit, solcher Mühelosigkeit!

Ein Sumi-e-Künstler versucht niemals, irgendeinen Gegenstand zu kopieren – seine Bilder sind stets Schöpfungen. Ein Punkt oder Fleck steht nicht *für* einen Falken, eine gebogene Linie nicht *für* den Fuji-san. Der Fleck *ist* der Vogel, die Linie *ist* der Berg. Wo es in der Malerei um Ähnlichkeit geht, läßt sich auch auf zweidimensionaler Leinwand doch nichts objektiv darstellen: Die Farben können das Original nicht ganz getreu wiedergeben, und so sehr sich der Künstler auch mühen mag, uns die Natur vorzuführen, wie sie ist, er wird ihr doch nie gerecht – jede Darstellung, die Nachahmung sein will, muß zwangsläufig armselige Nachahmung bleiben. Deshalb unterläßt der Sumi-e-Künstler dergleichen Bemühungen lieber von vornherein. Statt dessen möchte er lebendige Dinge erschaffen. Solange wir diesem Universum angehören, werden unsere Schöpfungen wohl Züge dessen aufweisen, was wir «die Natur» nennen. Das ist jedoch keine wesentliches Element unseres Werks. Das Werk besitzt seinen ganz eigenen Wert, der mit Ähnlichkeit nichts zu tun hat. Liegt nicht in jedem Pinselstrich etwas ganz eigenes? Hier begegnen wir dem Geist des Künstlers. Seine Vögel sind seine eigene Schöpfung. Dies ist die Haltung eines Sumi-e-Malers gegenüber seiner Kunst – und es ist die Haltung des Zen gegenüber dem Leben: Was Zen mit dem Leben des Künstlers zu tun unternimmt, das tut er selbst wiederum mit Papier, Pinsel und Tusche. Der schöpferische Geist wirkt überall, und das Werk der Schöpfung spinnt sich fort, im Leben wie in der Kunst

Eine vom Sumi-e-Künstler gezogenen Linie ist endgültig Nichts kann sie fortsetzen, nichts kann sie ungeschehen machen; sie ist – wie ein Blitz – höhere Gewalt, und der Künstler selbst kann sie nicht zurücknehmen. Das macht die Schönheit der Linie aus. Die Dinge sind schön, wo sie unausweichlich sind, die freie Äußerung eines Geistes. Hier ist keine Gewalttätigkeit, kein Drechseln, kein Nachbilden, nur freie, ungehemmte und ihrer eigenen inneren Gesetzlichkeit folgende Bewegung – und das ist das Prinzip der Schönheit. Die Muskeln wissen, daß sie einen Strich ziehen, einen Punkt setzen, doch dahinter ist Nicht-Bewußtsein. In diesem Nicht-Bewußtsein folgt die Natur dem, was in ihr angelegt ist; in diesem Nicht-Bewußtsein schafft der Künstler sein Werk. Ein Baby lächelt, und alle sind hingerissen, denn das Lächeln ist so echt, so ursprünglich – es kommt aus dem Nicht-Bewußtsein. Das Wu-hsin (*mushin*) und das Wu-nien (*munen*), die dem Zen-Meister so wichtig sind, wie wir an anderer Stelle schon gesehen haben*, sind auch das, was vor allem anderen den Geist des Sumi-e-Künstlers ausmacht.

Kennzeichnend ist für Sumi-e weiterhin, daß es den Geist in der Bewegung einzufangen versucht. Alles wird, nichts steht fest in der Natur; kaum meint man etwas sicher in der Hand zu haben, schon entgleitet es einem, denn in dem Augenblick, da man es hat, ist es tot. Sumi-e möchte die Dinge aber lebendig einfangen, und das scheint unmöglich zu sein. Es wäre auch wirklich unmöglich, wenn es darum ginge, lebendige Dinge aufs Papier zu bannen; doch es kann bis zu einem gewissen Grad gelingen, wenn jeder Pinselstrich unmittelbar dem nichtbewußten Geist des Künstlers entspringt, völlig unbeeinflußt von Begriffen, Vorstellungen und dergleichen. Dann ist der Pinsel der verlängerte Arm des Geistes, ja der Geist selbst, und in jeder seiner Bewegungen auf dem Papier bekundet sich dieser Geist unmittelbar. Wo das gelingt ist ein Sumi-e-Bild eine Wirklichkeit *sui generis*, in sich selbst vollkommen und kein Abklatsch von irgend etwas anderem. Die Berge hier sind im selben Sinne wirklich, wie der Fujisan wirklich ist, und so ist es mit den Wolken, den Bächen, den Bäumen, den Wellen und den Gestalten. Der Geist des Künstlers artikuliert sich in all diesen Massen, Linien, Tupfern und «Klecksen».

Es versteht sich fast von selbst, daß der Sumi-e-Künstler keine Farben verwendet, denn er hat nicht im Sinn, die Natur mehr oder weniger vollkommen nachzubilden. Hierin ist

* *Karuna*, S. 14–37.

Sumi-e der Kalligraphie* vergleichbar. Dort muß ein aus waagerechten, senkrechten und schrägen Linien, aus fließenden, aufwärts und abwärts gebogenen Strichen komponiertes Schriftzeichen nicht unbedingt für eine bestimmte Idee stehen, wenn es auch nicht gänzlich davon abgelöst ist, denn schließlich bedeutet ja ein Schriftzeichen zunächst einmal etwas. Doch wir haben hier eine der eigentümlichen Kunstformen des Fernen Ostens vor uns, in der man zum Schreiben einen langen, spitz zulaufenden weichen Haarpinsel benutzt, und jeder Strich, den man damit zieht, hat außerhalb seiner Bedeutungsfunktion im Schriftzeichen noch einen ganz eigenen Sinn. Der Pinsel ist ein willfähriges Instrument, das augenblicklich auch der feinsten Strebung des Schreibers oder Künstlers folgt. In den Strichen, die er zieht, erkennen wir seinen Geist. Deshalb werden Sumi-e und Kalligraphie im Osten als Künste gleicher Art angesehen.

Die Entwicklung des weichen Haarpinsels wäre eine eigene Betrachtung wert. Zweifellos spielten hier der chinesische Charakter und die chinesische Schrift eine große Rolle. Jedenfalls muß man es als einen glücklichen Umstand betrachten, daß solch ein weiches, nachgiebiges und geschmeidiges Instrument in die Hände der Künstler gelangte. Die Linien und Striche, die man damit zieht, haben etwas von der Frische, Zartheit und Anmut, die wir an allem Lebendigen und nicht zuletzt am menschlichen Körper wahrnehmen. Würde man ein starres Instrument aus Stahl benutzen, das Ergebnis wäre ein ganz anderes, und auf die Sumi-e eines Liang-kai oder Mu-ch'i müßten wir verzichten.

Auch der Umstand, daß das Papier so zart ist und kein Verweilen des Pinsels erlaubt, fördert die Ausdruckskraft des Künstlers. Widerstandsfähigeres Papier würde es dem Künstler erlauben, ein Bild regelrecht aufzubauen und auch mal

* Eigentlich besser «Schriftkunst», denn Schönschrift ist hier natürlich nicht gemeint. (Anm. d. Übers.)

zu korrigieren – das aber würde den Geist des Sumi-e zerstören. Der Pinsel muß leicht und schnell über das Papier gleiten, der Strich muß bestimmt und voll und unwiderruflich sein wie das Werk der Schöpfung, mit dem die Welt ins Sein trat. Wenn das Wort aus dem Mund des Schöpfers kommt, muß es augenblicklich ausgeführt werden. Verzögerung könnte Veränderung und damit Durchkreuzung bedeuten, könnte den Willen in seiner Vorwärtsbewegung hemmen – er stockt, zögert, überlegt, gerät ins Grübeln und schlägt schließlich eine andere Richtung ein. Dieses Zögern und Schwanken verträgt sich nicht mit der Freiheit des künstlerischen Geistes.

Künstlichkeit ist nicht identisch mit Regelmäßigkeit oder Symmetrie, und Freiheit ist nicht identisch mit Unregelmäßigkeit, aber in Sumi-e-Bildern werden wir stets einem Überraschungsmoment begegnen. Wo man eine Linie oder Masse erwartet, ist nichts, doch diese leere Stelle läßt uns nicht ins Leere fallen, sondern stellt einen Hinweis auf etwas ganz anderes dar, das uns völlig zufriedenstellt. Ein kleines, meist längliches Stück Papier enthält nun das ganze Universum. Der waagerechte Strich deutet die Unendlichkeit des Raumes an, der Kreis die der Zeit – und nicht bloß deren schiere Grenzenlosigkeit, sondern eine endlose Weite voller Leben und Bewegung. Merkwürdig, daß ein fehlender Punkt an einer Stelle, wo man ihn erwarten würde, diese geheimnisvolle Wirkung haben kann, aber der Sumi-e-Künstler ist darin ein unübertroffener Meister. Dank seiner Geschicklichkeit ist nichts Künstliches, nichts Gewolltes in seinem Werk zu entdecken. Diese Absichtslosigkeit ist Zen.

HAIKU-DICHTUNG UND DAS «EWIGE ALLEIN»

Nachdem wir die Beziehung zwischen Sumi-e und Zen angedeutet haben, möchte ich im folgenden etwas über den Geist des «Ewigen Allein» sagen. Mir ist klar, daß meine Worte dem nicht gerecht werden können, was das Zen auf seine ganz eigene Art für die ästhetische Seite des japanischen Lebens getan hat. Der Einfluß des Zen auf die Malerei des Ostens ist nicht auf Japan beschränkt, und was ich bisher gesagt habe, kann sinngemäß auch auf die chinesische Kunst angewandt werden. Das folgende aber können wir als spezifisch japanisch betrachten. Mit «Geist des Ewigen Allein» – wir können hier vielleicht von einem künstlerischen Prinzip sprechen – meine ich das, was man in Japan gemeinhin «sabi» oder «wabi» (oder «shibumi») nennt. Ich verwende hier den Ausdruck «sabi» als Gesamtbegriff für diese Art des Empfindens.

Sabi ist in der Landschaftsgärtnerei ebenso zu finden wie in der Teezeremonie oder Literatur. Ich werde mich hier auf die Literatur beschränken, insbesondere auf jene Gedichtform, die man «Haiku» nennt. Dieses siebzehnsilbige Gedicht, die denkbar kürzeste poetische Ausdrucksform, ist ein spezifischer Ausdruck des japanischen Geistes. Ihre wichtigste Entwicklungszeit erlebte diese Gedichtform in der Tokugawa-Zeit, und die entscheidenden Impulse erhielt sie durch Matsuo Bashō (1643–1694).

Bashō war ein wandernder Poet und leidenschaftlicher Naturliebhaber – eine Art Troubadour der Natur. Sein Leben lang durchwanderte er Japan von einem Ende zum anderen. Zum Glück gab es damals noch keine Eisenbahn. Die modernen Reisebequemlichkeiten wirken offenbar nicht sehr befruchtend auf die Poesie. Der heutige Geist der wissenschaftlichen Analyse läßt kein Geheimnis unaufgedeckt, und Poesie und Haiku gedeihen nur da, wo Wunder und Geheimnis sind. Die Naturwissenschaft läßt keinen Raum für das nur Angedeutete – alles muß ans Licht, alles muß offengelegt werden. Wo die Wissenschaft regiert, befindet sich die Phantasie auf dem Rückzug.

Wir haben uns, heißt es, den harten Fakten zu stellen, doch knöchern wird dabei auch unser Herz. Wo nichts an uns mehr weich bleiben darf, geht die Poesie verloren, in einer Sandwüste wächst kein frisches Grün. In Bashōs Tagen war das Leben noch nicht so prosaisch und nicht so vielen Zwängen unterworfen. Ein Bambushut, ein Bambusstab und ein Tuchbeutel – mehr brauchte der Dichter wahrscheinlich nicht auf seinen Wanderungen. Er verweilte hier und da in einem Dorf, das ihm gefiel, und nahm all die Erfahrungen und auch Schwierigkeiten, die ihm unterwegs begegneten, dankbar und freudig hin. Wenn das Reisen zu einfach und zu bequem wird, geht der spirituelle Sinn verloren. Man mag das sentimental nennen, doch wenn das Reisen mit einem gewissen Gefühl des Alleinseins verbunden ist, lenkt es unsere Gedanken auf den Sinn des Lebens, denn ist das Leben nicht insgesamt eine Reise von einem Unbekannten in ein anderes Unbekanntes? In den sechzig, siebzig oder achtzig Jahren, die uns zugemessen sind, können wir das Geheimnis zu lüften versuchen. Sind aber alle Wege geebnet, so berauben wir uns selbst dieses Gefühls des Ewigen Allein.

Bashō hatte in der Kamakura-Zeit (1168–1334) einen Vorläufer namens Saigyō. Auch er war ein wandernder Mönch. Nachdem er seinen Dienst als dem Hof verbundener Krieger quittiert hatte, führte er das Leben eines wandernden Poeten. Er war ein buddhistischer Mönch. Wer je in Japan gewesen ist, kennt sicher das Bild jenes Mönchs, der in seiner Reisekleidung ganz allein dasteht und den Fuji-san betrachtet. Mir fällt der Name des Künstlers nicht ein, doch das Bild läßt mancherlei Gedanken aufkommen, vor allem das Gefühl dieses rätselhaften Alleinseins im Leben des Menschen – nicht Verlorenheit und schwermütige Einsamkeit, sondern eine Art staunendes Gewahrsein eines geheimnisvoll Absoluten. Hier Saigyōs Gedicht auf diesen Augenblick:

Weit hinten, im Wind verfliegend,
die Rauchfahne des Fuji-san.
Wer weiß das Ziel
der Gedanken, die mit ihr ziehn?

Bashō war kein Mönch, aber er war Zen-Schüler. Wenn mit dem Herbst die ersten Regenfälle kommen, ist die Natur das Inbild des Ewigen Allein. Die Bäume werfen das Laub ab, die Berge bekommen etwas Karges und Schroffes, die Bäche sind klarer denn je, und wenn abends die Vögel nach einem Tag voller Geschäftigkeit ihren Ruheplätzen zustreben, gerät der einsame Wanderer ins Sinnen über das Geschick des Menschen. Die Stimmung der Natur ist auch seine. Bashō:

Ein Wanderer,
das soll mein Name sein –
herbstlicher Regenschauer.

Wir sind gewiß nicht alle asketisch veranlagt, aber ich denke, daß vielleicht doch in jedem von uns die ewige Sehnsucht nach einer Welt jenseits dieser empirischen Wirklichkeit ist, wo die Seele in stiller Betrachtung ihrer Bestimmung verweilen kann.

Als Bashō sich unter seinem Meister Bucchō im Zen schulte, besuchte dieser ihn einmal und fragte: «Wie kommst du zurecht in dieser Zeit?»

Bashō: «Nach dem Regen ist das Moos grüner denn je.»

Bucchō: «Vor der Moosgrüne – was für ein Buddhismus ist da?»

Bashō: «Ein Frosch springt ins Wasser, hör den Laut.»

Man sagt, dies sei der Beginn einer neuen Epoche in der Geschichte des Haiku gewesen. Vor Bashō war das Haiku bloße Wortspielerei geworden und hatte alle Verbindung zur Natur verloren. Als der Meister nach der letzten Wahrheit der Dinge fragte, die schon vor dieser Welt der Einzeldinge existiert, sah Bashō einen Frosch in einen Weiher springen, und das Geräusch brach ein in die friedliche Stimmung. Der Quell des Lebens ist erreicht, und der Dichter sitzt da im Gewahrsein des Wechselspiels innerer und äußerer Stimmungen. Bashō war der Dichter des Ewigen Allein. Noch eines seiner Haiku:

Ein kahler Ast,
eine Krähe hockt darauf –
herbstlicher Abend.

Formale Schlichtheit läßt nicht unbedingt auf einen belanglosen Inhalt schließen. Ein großes Anderswo liegt in diesem Bild der einsamen Krähe auf dem entblätterten Ast. Alle Dinge sind wie aus einem unbekannten Abgrund des Geheimnisses, und jedes einzelne gibt uns einen flüchtigen Einblick in diese Tiefe. Um den Gefühlen Luft zu machen, die beim Blick in den Abgrund in uns erwachen, muß man nicht unbedingt Hunderte von Zeilen dichten. Wenn ein Gefühl sich aufs äußerste zuspitzt, bleiben wir stumm, denn hierhin reichen Worte nicht mehr. Auch siebzehn Silben können dann zuviel sein. Jedenfalls sehen wir bei japanischen Künstlern, die vom Zen-Weg beeinflußt sind, daß sie ihren Empfindungen mit möglichst wenigen Strichen oder Worten Ausdruck geben. Wo alles ausgemalt oder ausgesprochen wird, bleibt kein Raum mehr für die Andeutung – und Andeutung ist das Geheimnis der japanischen Künste.

Manche Künstler gehen soweit zu sagen, alles, was sie malten, sei immateriell, wie auch immer der Betrachter ihre Pinselstriche auffasse – je mehr sie mißverstanden würden, desto besser. Die Striche oder Massen mögen Dinge in der Natur darstellen, Vögel, Hügel oder menschliche Gestalten oder Blüten oder was auch immer, das sei ihnen völlig gleichgültig. Das ist gewiß eine recht extreme Anschauung. Wenn jeder in die Striche, Massen und Tupfen hineinlesen kann, was er will – und womöglich etwas ganz anderes, als was der Künstler im Sinn hatte –, wozu dann überhaupt solche Bilder malen? Vielleicht würde der Künstler hier anfügen: Wenn nur der Geist in seinem Werk wirklich gesehen und erkannt würde. Die Künstler des Ostens sind also offenbar der Form gegenüber gänzlich indifferent. Sie wollen mit ihren Pinselstrichen auf etwas hinweisen, was sie im Innern bewegt hat. Sie wußten vielleicht selbst nicht recht, wie sie dieser inneren Bewegung Ausdruck geben sollten. Und so stoßen sie einen Schrei aus oder schwingen den Pinsel. Vielleicht ist das nicht Kunst, denn wo läge in solchem Tun die Kunstfertigkeit? Wenn es überhaupt Kunst ist, dann doch sicher eine sehr primitive. Ist das wirklich so? Wie weit wir es auch in der «Zivilisation» – das heißt in der Künstlichkeit – gebracht haben, immer bleibt doch ein Zug zur Kunstlosigkeit; es ist, als wäre gerade sie Grundlage und Ziel aller künstlerischen Bestrebungen. Wieviel Kunst sich doch in der scheinbaren Kunstlosigkeit japanischer Kunst verbirgt! Voller Bedeutung und Andeutung und dabei vollkommen in der Kunstlosigkeit: Wenn so der Geist des Ewigen Allein zum Ausdruck kommt, haben wir die Essenz des Sumi-e und des Haiku.

ZEN UND DER WEG DES KRIEGERS

Zen hat das japanische Leben, vor allem seine ästhetische Seite, deshalb stärker beeinflußt als andere Richtungen des Buddhismus, weil es unmittelbar das Leben selbst anspricht und nicht Vorstellungen und Begriffe. Der Intellekt hat immer nur eine mittelbare Beziehung zum Leben, er ist die Instanz der Generalisierung, und dem Allgemeinen fehlt stets die Kraft des Instinkthaften, also der Wille. Auch Zen ist nicht reiner Wille, sondern räumt als Weg der intuitiven Einsicht auch dem Intellekt eine gewisse Rolle ein. Es steht aber darin im Gegensatz zu den diskursiven Tendenzen anderer buddhistischer Schulen, daß es in allem stets den direkten Bezug zum Leben sucht. Deswegen konnte das Zen im japanischen Leben einen so großen Einfluß gewinnen.

Die Schwertkunst, die zu erlernen seit der Kamakura-Zeit ein Hauptanliegen der herrschenden Klassen Japans war, erfuhr eine ganz außerordentliche Entwicklung, und bis in die neuere Zeit hinein blühten die verschiedensten Schulen dieser Kunst. Die Kamakura-Zeit und Zen gehören zusammen, denn es ist die Zeit, in der das Zen als eigenständige Schule nach Japan gelangte. Große Zen-Meister prägten den Geist jener Zeit, und obgleich sie auf Gelehrsamkeit nichts gaben, lag deren Bewahrung doch in ihren Händen. Zugleich strömten ihnen in Scharen die Soldaten zu, die von ihnen unterwiesen und geschult werden wollten. Ihre Lehrmethoden waren einfach und direkt, von «verstiegener» buddhistischer Philosophie brauchte man dazu nicht viel. Auch das Anliegen der Soldaten war gewiß kein philosophisches: Sie wollten frei sein von Todesfurcht, denn dem Tod hatten sie ständig ins Auge zu blicken. Das war für sie ein ganz praktisches Problem, und das Zen konnte es wohl deshalb mit diesem Problem aufnehmen, weil die Meister unmittelbar das Leben selbst ergriffen und nicht mit Begriffen hantierten. Kam etwa ein Soldat, um sich Aufschluß über die Frage von Leben und Tod zu erbitten, so mochte der Meister sagen: «Hier gibt es keine Geburt und keinen Tod – marsch, verschwinde!» Er mochte ihm auch mit dem Stab, den ein Meister bei sich zu tragen pflegt, Beine machen. Kam einer mit der Frage: «Ich habe im Augenblick mit der schwierigsten Situation meines ganzen Lebens fertig zu werden, was soll ich tun?», so brüllte der Meister vielleicht: «Geh einfach geradeaus los, und kein Blick zurück!» So wurden die Soldaten in der Feudalzeit Japans von den Zen-Meistern geschult.

Soldaten mußten stets bereit sein, ihr Leben in die Schanze zu schlagen, und da das Schwert die Waffe war, die über Tod und Leben entschied, entwickelte sich die Schwertkunst zu staunenswerter Vollkommenheit. Kein Wunder also, daß das Zen sehr viel mit diesem Berufsstand zu tun hatte. Takuan Sōhō (1573–1645), eine der größten Gestalten des Zen in der Tokugawa-Zeit, gab seinem Schüler Yagyu Tajima-no-kami (gest. 1646), dem Fechtlehrer des damaligen Shōgun, erschöpfende Zen-Unterweisungen. Diese befassen sich natürlich weniger mit der Kunst selbst als vielmehr mit der inneren Haltung des Kriegers, und um sie in adäquater Weise befolgen zu können, muß der illustre Schüler eine intensive spirituelle Schulung auf sich genommen haben. Ein weiterer großer Schwertmeister der Tokugawa-Zeit war Miyamoto Musashi (1582–1645), der Begründer der Nitōryū-Schule. Er war nicht nur Schwertkämpfer, sondern auch ein Sumi-e-Künstler und darin ebenfalls ein Meister. Seine Bilder genießen hohes Ansehen und besitzen den «Zen-Duft». Einer seiner berühmten Aussprüche über die Schwertkunst lautet:

> Unter dem erhobenen Schwert,
> ist die Hölle, die dich zittern macht;
> doch vorwärts –
> und du hast das Land der Glückseligkeit.

Nicht von Draufgängertum ist hier die Rede, sondern von jener Rückhaltlosigkeit, die man im Buddhismus als den Zustand des Nicht-Ich, der Preisgabe aller Ichhaftigkeit, bezeichnet. Und hierin liegt die spirituelle Bedeutung der Schwertkunst. Auf diesem Weg konnte das Zen so tief in das Leben der japanischen Menschen eindringen und es in vielen Bereichen prägen – moralisch, praktisch, ästhetisch und bis zu einem gewissen Grade auch intellektuell.

Wie ich an anderer Stelle schon gesagt habe, betrachtet man die buddhistische Lehre des Nicht-Ich vielleicht am besten als die praktische Umsetzung der Philosophie des Nicht-Bewußtseins. Das Nicht-Bewußtsein wirkt still durch unser individuelles empirisches Bewußtsein, doch dieses glaubt hier das Wirken einer freien, nichtbedingten und dauerhaften Ego-Seele zu erkennen. Wenn aber dieser Irrtum von uns Besitz ergreift, stößt das eigentlich freie Wirken des Nicht-Bewußtseins allenthalben auf Hemmnisse. Daraus entstehen alle Gefühlsqualen, und das Leben wird ein aussichtsloser Kampf. Um den Frieden auf ganz praktische Weise wiederherzustellen, lehrt der Buddhismus uns, den Gedanken der Ego-Seele fallenzulassen, von dieser Verhaftung loszulassen und diesen Sumpf ständiger Ärgernisse einfach trockenzulegen – nur so gewinnt das Nicht-Bewußtsein seine ursprüngliche schöpferische Kraft zurück. Großes gelingt uns nur, wenn es direkt aus dem Nicht-Bewußtsein kommt. Nicht nur entscheidende spirituelle Erfahrungen, sondern auch große moralische, praktische und gesellschaftliche Leistungen sind das unmittelbare Wirken des Nicht-Bewußtseins. Die Lehre vom Nicht-Ich will unsere Aufmerksamkeit auf diese Tatsache lenken.

Für das japanische Bewußtsein bedeuten «Muga» und «Mushin»* das gleiche. Wenn man den Muga-Zustand erlangt, ist auch Mushin, das Nicht-Bewußtsein, verwirklicht. Muga wird auch einem Zustand der Entrückung gleichgesetzt, in dem es das Gefühl «ich bin es, der dies tut», nicht mehr gibt. Das Ich-Bewußtsein ist bei allem, was man tut, ein großes Hindernis. Fehlendes Ich-Bewußtsein bietet natürlich keine Gewähr für große Leistungen, doch wo das Ich-Bewußtsein herrscht – vor allem in der Form des Hochmuts und der Aufgeblasenheit –, da ist jede Errungenschaft unter spirituellen Gesichtspunkten entwertet. Wir spüren es, wenn irgendeinem Werk dieses Ichgefühl anhaftet, und wir wenden uns instinktiv davon ab. Was jedoch dem Nicht-Bewußtsein entspringt, scheint über Urteile erhaben zu sein und hat etwas ursprünglich Gewinnendes an sich. Daß wir diese Ausstrahlung empfinden, zeugt für das tatsächliche Wirken des Nicht-

* Chin. *wu-wo* (Nicht-Ich) und *wu-hsin* (Nicht-Bewußtsein), Sanskrit *anātmya* und *achitta*.

Bewußtseins. Alle künstlerische Schulung ist in Japan auf dieses Empfinden hin angelegt, in dem sich das Nicht-Bewußtsein verwirklicht. Muga oder Mushin, die Mühelosigkeit, ist die Erfüllung aller Kunst.

MEISTER TAKUANS UNTERWEISUNG ÜBER DIE SCHWERTKUNST

Hier nun die Hauptpunkte der Zen-Unterweisung, die Takuan seinem Schüler Yagyū Tajima-no-kami über die Schwertkunst erteilte:

> Das Wichtigste bei der Schwertkunst ist es, eine bestimmte geistige Haltung zu gewinnen, die man «unbewegtes Begreifen» nennt. Dieses Begreifen gewinnt man nach ausgiebiger praktischer Schulung auf intuitive Weise. «Unbewegt» bedeutet nicht, steif oder schwer oder leblos zu sein wie ein Stein oder ein Stück Holz. Es bedeutet vielmehr höchste Bewegungsfähigkeit mit einem Zentrum, das unbewegt bleibt. Der Geist erreicht dann den Gipfelpunkt wacher Bereitschaft und kann seine Aufmerksamkeit dahin richten, wo sie gebraucht wird – nach links, nach rechts, in jede Richtung, wo es gerade nötig ist. Läßt Eure Aufmerksamkeit sich auf das niedersausende Schwert des Feindes ein oder wird gar davon gebannt, so verliert Ihr die erste Gelegenheit, den nächsten Schritt von Euch aus zu tun. Ihr zaudert, Ihr denkt, und während Ihr noch unschlüssig seid, ist Euer Gegner schon bereit, Euch niederzustrecken. Es kommt darauf an, ihm gar nicht erst die Gelegenheit zu geben. Ihr müßt der Bewegung des Schwertes in den Händen des Feindes folgen und Eurem Geist die Freiheit zu seinen eigenen Gegenbewegungen lassen – ohne alles störende Sinnen. Ihr bewegt Euch mit der Bewegung des Gegners, und das wird zu seiner Niederlage führen.

Dies – man mag es die Haltung der Nicht-Einmischung nennen – ist das Entscheidende, in der Schwertkunst ebenso wie im Zen. Wenn zwischen zwei Aktionen auch nur ein Raum von Haaresbreite bleibt, so ist das schon Unterbrechung. Klatscht man in die Hände, so wird der Ton ohne die geringste Verzögerung laut. Der Ton zögert nicht und sinnt, bevor er laut wird. Es gibt hier kein «Dazwischen», eine Bewegung folgt der anderen, ohne vom Bewußtsein davon abgehalten zu werden. Wenn Ihr seht, wie der Gegner Euch niederschlagen will, und dann betroffen zu überlegen beginnt, was nun zu tun sei, so gebt Ihr ihm Raum und damit Gelegenheit zum tödlichen Hieb. Laßt Eure Parade dem Angriff ohne Verzug folgen, und es wird keine verschiedenen Bewegungen geben, die Angriff oder Parade zu nennen wären. Euer augenblickliches Handeln wird unweigerlich zur Selbst-Niederlage des Gegeners führen. Es ist wie mit einem Boot, das sicher durch die Schnellen gleitet – im Zen wie in der Schwertkunst gilt der Geist des Nicht-Zögerns, des Nicht-Verzugs, des Nicht-Zwischenraums am meisten.
Im Zen ist so häufig vom Blitz die Rede oder vom Funken, der vom angeschlagenen Feuerstein springt. Dies als Ausdruck bloßer Schnelligkeit aufzufassen, ist ein schlimmer Irrtum. Es geht hier um die Unmittelbarkeit des Handelns, den lückenlosen, ungehemmten Strom der Lebenskraft. Wo Ihr Raum laßt für Einmischungen aus einem Bereich, der nicht in lebendiger, unmittelbarer Beziehung zum jeweiligen Augenblick steht, werdet Ihr gewiß Euren Stand verlieren. Das aber heißt natürlich nicht, die Dinge hastig oder in der kürzest möglichen Zeit zu tun. Gäbe es dieses Bestreben in Euch, so wäre schon sein bloßes Vorhandensein eine Unterbrechung. Wenn gefragt wird: «Was ist die unübertreffliche Wahrheit des Buddhismus?», so antwortet der Meister unverzüglich: «Ein Pflaumenblütenzweig» oder «Die Zypresse im Garten». Es ist im Innern ein Unbewegtes,

das absichtslos den Bewegungen aller Dinge folgt, die sich ihm darbieten. Der Spiegel der Weisheit spiegelt sie augenblicklich eines nach dem anderen, bleibt jedoch selbst unverändert. Darin hat der Schwertkämpfer sich zu üben.

Das hier für die Meisterschaft in der Schwertkunst als unerläßlich geschilderte Leben der Nicht-Unterbrechung ist das Leben der Mühelosigkeit (*anābhogacharyā*) oder Begierdelosigkeit (*apranihita*) – die Essenz der Bodhisattvaschaft. Es ist auch das, was wir vorher die Kunst der Kunstlosigkeit genannt haben. Der Konfuzianer würde sagen: «Was sagt der Himmel? Was sagt die Erde? Doch die Jahreszeiten kommen und gehen, und alle Dinge wachsen.» Ein Anhänger Lao-tzus würde sich in Paradoxen äußern: «Güte und Rechtschaffenheit entspringen der Geschäftigkeit der Menschen, wenn die große Wahrheit zugrunde geht.» Oder: «Das Nichthandeln läßt alle Dinge geschehen.» Oder: «Weil die Achse stillsteht, drehen sich die Speichen.» Alle Äußerungen dieser Art deuten darauf hin, daß das «Schwerkraftzentrum» des Lebens unbewegt bleibt, aber alle Bereiche des Lebens durchdringen muß: dann wird eine Selbstverwirklichung erreicht, die sich im Leben und Handeln des Menschen aufs schönste bekundet.

TEE – EIN SCHIMMER DER EWIGKEIT

Fassen wir zusammen: Der Geist des Ewigen Allein (*viviktadharma*), der auch der Zen-Geist ist, manifestiert sich als Sabi in allem künstlerischen Gestalten, sei es Landschaftsgärtnerei, Teezeremonie, Malerei, Blumenstecken, Kleidung, Raumausstattung, Lebensart, Nō-Tanz, Dichtung und so weiter. In diesem Geist verbinden sich Elemente wie Schlichtheit, Natürlichkeit, Unkonventionalität, Kultiviertheit und Unaufdringlichkeit mit einer selbstverständlichen Alltäglichkeit, von der ein Hauch, die Ahnung eines ganz Anderen ausgeht.

Um es etwas anschaulicher zu machen, möchte ich den Tee-Raum eines der dem Daitoku-ji angeschlossenen Zen-Tempel beschreiben. Am Ende einer Reihe unregelmäßig gelegter Trittsteine steht hier eine ganz unbedeutend wirkende strohgedeckte Hütte, niedrig und von äußerster Schlichtheit. Der Eingang ist eigentlich keine Tür, sondern einfach eine Öffnung. Um eintreten zu können, muß der Besucher alles Behindernde ablegen, und das hieß in der Feudalzeit, daß er sich beider Schwerter, des kurzen und des langen, entledigen mußte. Das Innere ist ein kleiner halbdunkler Raum von etwa zehn Fuß im Quadrat; die niedrige Decke ist von ungleichmäßiger Höhe und Struktur. Die Tragpfosten sind nicht gehobelt, sondern aus naturbelassenem Holz. Nach einer Weile gewöhnen sich die Augen an das Dämmerlicht, und jetzt sind auch Einzelheiten zu erkennen. In der Tokonoma (Kunstnische) erkennen wir ein altes Kakemono (Rollbild), das einen Schriftzug oder ein Sumi-e-Bild zeigt. Räucherwerk verströmt beruhigenden Duft. In der Vase steht eine einzige Blume, schön aber ohne alles Prangende; wie eine kleine weiße Lilie, die am Fuß eines Felsens unter Kiefern blüht, gewinnt diese bescheidene Blüte durch ihre Umgebung an Schönheit und zieht die Aufmerksamkeit der vier oder fünf Besucher an, die auf besondere Einladung hier sind, um bei einer Schale Tee einmal alle drängenden weltlichen Belange hinter sich zu lassen.

Wir lauschen dem Sieden des Wassers in seinem Kessel, der über einer quadratischen Feuergrube im Boden auf einem Dreifuß steht. Eigentlich geht das Geräusch nicht von kochendem Wasser aus, sondern von dem schweren Eisenkessel, und der Kenner vergleicht es treffend einem sanften Wind, der durch die Kiefern streicht. Es geht eine gelassene Stille von diesem Geräusch aus, und man fühlt sich hier, als säße man allein in einer Berghütte, wo man nur eine weiße Wolke und die Kiefernmusik als Gefährten hat.

Hier mit Freunden bei einer Schale Tee zu sitzen, vielleicht in Gesprächen über das Kakemono in der Nische oder über künstlerische Dinge, die mit den Teeutensilien im Raum zusammenhängen – das erhebt den Geist auf wunderbare Weise über die Verwirrungen des Lebens. Der Krieger läßt das Kampfgetümmel hinter sich, der Geschäftsmann die ewige Jagd nach dem Geld. Ist nicht das allein schon etwas, in dieser Welt des Kampfes und der Eitelkeit eine Nische zu finden, und sei sie noch so bescheiden, in der man sich über die Grenzen des Relativen erheben und vielleicht sogar einen Schimmer der Ewigkeit erhaschen kann?

Anhang: Der japanische Buddhismus*

Der Buddhismus wurde offiziell im Jahr 552 oder 538 von Chōsen (Korea) aus in Japan eingeführt, als der König von Kudara dem Kaiser Kimmei einen Bronzebuddha zusammen mit einigen Sūtras und religiösen Utensilien zum Geschenk machte. Es könnte aber sein, daß schon frühere Einwanderer vom Kontinent Buddhisten waren und ihre Religion sich bereits in aller Stille ausbreitete. Kaiser Kimmei wußte zunächst nicht recht, wie er die neue Religion aufnehmen sollte, denn unter seinen Hofbeamten hatten sich zwei Parteien gebildet. Eine Zeitlang blieb unentschieden, welche die Oberhand gewinnen würde, doch die Fürsprecher des Buddhismus setzten sich schließlich durch.

Ungefähr fünfzig Jahre später wurde Prinz Shōtoku (574–622), dessen Name für alle Zeiten seinen Platz in der Geschichte des japanischen Buddhismus und der japanischen

* Ursprünglich erschienen im «Buddhist Supplement» zum *Osaka Mainichi* (englische Ausgabe) vom 23. Mai 1930. Hier aufgenommen, um die Stellung des Zen unter den verschiedenen buddhistischen Schulen Japans aufzuzeigen.

Kultur haben wird, Regent der Kaiserin Suiko, seiner Tante, und unter seiner Schutzherrschaft konnte sich der Buddhismus fest in die japanische Erde einwurzeln. Er ließ herrliche Tempel und Klöster in Nara und seiner Umgebung errichten, darunter das Hōryū-ji, das heute noch existiert. Er selbst war ein Gelehrter und schrieb Kommentare zu drei bedeutenden buddhistischen Sūtras: *Pundarīka*, *Shrīmāla* und *Vimalakīrti*. In jener Zeit stand Buddhismus für Fortschritt, ja für alles, was im Leben der Gesellschaft von Wert ist.

Der Nara-Buddhismus

Es gab damals noch keine wohlunterschiedenen Schulen des Buddhismus, wie wir sie heute kennen, doch es lassen sich im Nara-Buddhismus sechs Richtungen unterscheiden: Abhidharmakosha (Kusha), Satyasiddhi (Jōjitsu), Vinaya (Ritsu), Yogāchāra (Hosso), Mādhyamika (Sanron) und Avatamsaka (Kegon). Die Lehrer, die diesen Schulen angehörten, schrieben zahlreiche Kommentare zu den Sūtras und Shāstras. Die erstaunliche Gelehrsamkeit dieser Schriften zeigt, wie begierig die japanischen Buddhisten das Studium des Buddhismus aufnahmen, der für sie eine neue Philosophie, Wissenschaft und Religion war, aber auch eine neue Kultur und unerschöpflicher Quell künstlerischer Impulse.

Der Bau vieler Tempel und Klöster, der Unterhalt der Mönche und Nonnen, die Gestaltung einer gigantischen Bronzestatue des Vairochana (fertiggestellt 749) – all das wurde von der Staatskasse getragen. Wir fragen uns heute vielleicht, wie eine Regierung dazu kommt, sich in dieser Weise zu engagieren. Doch wir dürfen diese Dinge nicht aus heutiger Sicht beurteilen, denn in jener Zeit waren die buddhistischen Tempel und Klöster zugleich auch Schulen, Krankenhäuser, Armenapotheken, Waisenhäuser und Altenheime; die Mönche waren Schulmeister, Krankenpfleger, Ärzte, und

Baumeister, sie gewährten freie Unterkunft, bebauten das Land, erforschten die Wildnis und so weiter. In den Anfangsphasen des Gemeinschaftswesens übernahmen die Buddhisten auf allen Gebieten die Führung, und natürlich unterstützte die Regierung ihre Bemühungen.

Zu erwähnen ist hier unter manchem anderen auch die Bewegung buddhistischer Frauen in der Nara-Zeit. Die Namen der Kaiserinnen Kōmyo und Kōken und der Nonne Hōkin werden in Japan gewiß noch lange in Erinnerung bleiben als Inbegriff des buddhistischen Lebens der Liebe und Barmherzigkeit.

Erste Schatten

Vielleicht wurde der Buddhismus in der Anfangszeit zu üppig und zu bemüht gefördert. So sehr er auch zur Entwicklung der japanischen Kultur beitrug, er wurde im achten Jahrhundert doch schließlich als eine schwere – vor allem teure – Bürde empfunden. Die Mönche nutzten ihre Günstlingsstellung aus. Die Grenzen zwischen weltlicher Macht und spirituellem Stand verschwammen. Und selbst im religiösen Bereich verdrängte das Nebensächliche immer mehr das Wesentliche. Es wurde für den Buddhismus Zeit, eine andere Richtung einzuschlagen. An die Stelle des Nara-Buddhismus sollte der Heian-Buddhismus treten.

Gegen Ende des achten Jahrhunderts machte Kaiser Kammu Kyōto (Heian) anstelle von Nara zur Hauptstadt. Gegen die bis dahin gültige Tradition ließ er die alten Tempel in Nara zurück und erbaute neue auf dem Hiei-san im Süden der Hauptstadt. Die neuen buddhistischen Führungsgestalten standen für die Tendai- und Shingon-Schule. Dengyō Daishi (767–823) und Kōbō Daishi, die beiden größten Sterne am Himmel des neuen Regierungssystems, traten mit festem Schritt auf die Bühne.

Dengyō Daishi

Wer Kyōto besucht, erkennt ohne weiteres, wo der Berg Hiei liegt, denn er ragt im Nordosten hoch über der Stadt auf. Hier wollte Dengyō die Tendai-Schule heimisch machen. Er war einer der ersten buddhistischen Mönche, die die Gefahren jenes Stadtlebens erkannten, das seine Vorgänger nur allzu sehr genossen hatten. Er war nicht nur ein vollkommener Meister der vertrackten Tendai-Philosophie, sondern auch tief eingetaucht in die mystischen Riten und die Dhyāna-Schulung. Sein Bestreben war es, alle damals bekannten Schulen des Buddhismus zusammenzuführen. Alle neuen buddhistischen Schulen, die sich später in der Kamakura-Zeit bildeten, haben hier auf dem Hiei-san ihren Ursprung.

Die alten Schulen von Nara standen natürlich in Opposition zu den neuen Führern, und nicht nur weil sie den alten Zeiten nachtrauerten, sondern auch und vor allem wegen Differenzen der Lehrauffassung. Während Dengyō der Tendai-Schule und ihrer Lehre vom Einen Fahrzeug verpflichtet war, vertrat die alte Nara-Schule das Yogāchāra. Es ging um die Frage, was die Lehren des *Pundarīka* (*Hokkekyō*) letztlich besagten.

Dengyō wollte auch eine von Nara unabhängige Ordinationsstätte des Mahāyāna schaffen. Er kämpfte mit aller Kraft gegen eine große Übermacht, doch sein Plan wurde erst nach seinem Tode verwirklicht.

Kōbō-Daishi

Kōbō war sieben Jahre jünger als Dengyō und überlebte ihn um zwölf Jahre. Er war von ganz anderer Geistesart und überaus vielseitig – hervorragender Gelehrter und Asket, ein weitgereister Mann und großer Künstler, geschickter Politiker und Schriftkünstler von hohem Rang. Er beschäftigte sich vorwiegend mit dem *Dainichi-kyō* (*Mahāvairochana-Sūtra*) und dem *Kongōchōgyō* (*Vajrashekhara-Sūtra*), den beiden Haupttexten der Shingon-Schule. Als er sich in China aufhielt, wurde er Schüler von Hui-kuo (Keika) und schließlich auch dessen Nachfolger als achter Patriarch des Shingon.

Er gründete auf dem Berg Kōya ein Kloster, das zum Zentrum der Shingon-Mystik wurde, und für seine Nachfolger lebt er dort immer noch im Zustand des Samādhi. Sein Kloster wollte er in den Bergen haben, doch seine Beziehungen zur Welt vernachlässigte er keineswegs. Das Tō-ji im Süden Kyōtos läßt erkennen, welch deutliche Spuren er auch in der Hauptstadt hinterlassen hat. Dengyō scheint sich viel entschiedener von der Welt zurückgezogen zu haben, und der Hiei-san hat trotz seiner Nähe zur Stadt etwas Abgelegenes. Der Kōya-san ist im Vergleich geradezu unzugänglich gelegen, doch wie viele Pilger strömen dort jedes Jahr zusammen! Der Berg selbst ist eine kleine Stadt.

Das Gesicht der Heian-Zeit prägten Shingon und Tendai, und der alte Nara-Buddhismus verschwand beinah in ihrem Schatten – doch es mehrten sich die Zeichen, daß auch diese beiden Schulen einer neuen Kraft weichen mußten, die langsam, aber stetig gewachsen war.

Der aristokratische Buddhismus

Der Tendai ist in seiner reinen Form zu philosophisch, und um weitere Verbreitung zu finden, mußte es einen Weg von seinen spekulativen Höhenflügen hinunter in die Herzen der Massen suchen. So führte man mystische Riten ein, die eigentlich der Shingon-Schule angehörten. Dadurch wurde das japanische Tendai eine Mischung aus chinesischer T'ien-t'ai-Metaphysik und Shingon-Ritualismus. Man kann sagen, daß der Buddhismus der Heian-Zeit weitgehend reiner Ritualismus war. Um bösen Einflüssen zu begegnen, gab es das Ritual «Sokusai Ho», Glück vermehrte man mit dem «Zoyaku», zum Herbeirufen guter Kräfte diente das «Kujo», zum Ausschalten von Feinden das «Gōfuku», als Gebet um den liebenden Schutz der Buddhas und Bodhisattvas das «Kyōai» und zur Verlängerung des Lebens das «Emmei» – und man glaubte an die durchschlagende Wirksamkeit dieser mystischen Rituale.

Außerdem gab es in den Haupttempeln des Landes zu den verschiedensten Anlässen Zeremonien aller Art. Sie dauerten bis zu einer Woche, und wer daran teilnehmen wollte, mußte schon viel Mußezeit zur Verfügung haben – also kam so etwas eigentlich nur für die Angehörigen des Adels in Frage. Damals gab es noch nicht so viele gesellschaftliche Vergnügungen, und so kam es ganz von selbst dazu, daß der Adel manche der buddhistischen Zeremonien zu einer Art gehobenen Amüsements für freie Tage machte. Daß auch der heutige Buddhismus noch diese aristokratische Note hat, ist zweifellos auf die in jener Zeit entstandene Tradition zurückzuführen.

Der aristokratische und ritualistische Buddhismus ist kein Buddhismus. Wenn er soweit entartet, wird es für ihn höchste Zeit, sich auf seine ursprüngliche Gestalt zu besinnen, in der er praktisch ausgerichtet und für alle da war. Schon während der Hochblüte dieser Form des Buddhismus begann sich eine ganz andere Bewegung abzuzeichnen, die ihren Einfluß allmählich aushöhlte. Ich meine die Reines-Land-Schule, die die Wiedergeburt im Reinen Land des Buddha Amida anstrebt und die Lehre vertritt, daß dazu nichts als die Rezitation seines Namens, das Nembutsu, erforderlich ist.

Bis dahin war der Buddhismus mehr oder weniger der Oberschicht vorbehalten, die genügend Bildung und Muße besaß, um sich seine Philosophie und das äußerst komplizierte Ritualsystem zu erarbeiten. Das konnte auch kaum anders sein, denn der Buddhismus war auf offiziellem Wege nach Japan gelangt und hatte sich dem Hof und seinen politischen

Zielen zur Verfügung gestellt. So verschmolz er mit allem, was Macht, Kultur, Wissen und Moral verkörperte. Das war soweit noch recht, doch der Adel ist ein einäugiges Kind – er sieht die polierte Oberfläche, doch es fehlt ihm an innerer Festigkeit. Wahre Macht erwächst nur aus dem Leben selbst. Der Buddhismus der Heian-Zeit hatte abgewirtschaftet und wurde abgelöst durch den Kamakura-Buddhismus.

Kūya Shōnin

Der erste, der in der Heian-Zeit die neuen Töne einer «Demokratisierung» des Buddhismus anschlug, war Kūya Shōnin (902–972), der «Marktplatz-Weise». Er verließ die Klosterberge und Palasttempel, ging unters Volk und sang sein Nembutsu. Nirgends hielt es ihn, er war ein echter Wandermönch. Ihm folgte Ryōnin (1072–1132), der jedoch den Avatamsaka-Standpunkt einnahm, also den der Philosophie der Identität. Aristokratie und Demokratie sollten im Nembutsu vereinigt werden.

Der große Führer der Nembutsu-Bewegung war Hōnen Shōnin (1133–1212), der seine Lehre in zahlreichen gelehrten und allgemeinverständlichen Schriften darlegte, die teils in klassischem Chinesisch und teils in japanischer Umgangssprache abgefaßt waren. Außerdem war er ein religiöses Genie. Seine Lehre war einfach: Wenn wir mit gläubigem Herzen an Amida und sein Ursprüngliches Gelübde glauben, wenn wir uns aufrichtig wünschen, in seinem Land der Reinheit und des Glücks wiedergeboren zu werden, und das «Namu Amida Butsu» sprechen, werden wir ganz sicher von Amida angenommen und von der drückenden Last weltlicher Sorgen befreit. Keine komplizierten Rituale, keine wolkige Philosophie, kein Wust von Spezialbegriffen, nur die schlichte Anrufung des Buddha Amitābha – war das nicht ein Befreiungssprung weg vom Buddhismus der Nara- und Heian-Zeit?

Shinran (1173–1262) wurde Hōnens würdiger Nachfolger. In ihm erreichte der Reines-Land-Buddhismus seinen Höhepunkt. In Hōnens Nembutsu war noch ein Rest von «eigener Kraft» gewesen, doch bei Shinran wird alles der «Kraft des anderen» überlassen (wenngleich wir natürlich nie ganz frei von der «Kraft des eigenen Ich» sein können, solange wir relative, bedingte Individuen sind). Shinran sprach schlicht und einfach aus, daß wir alle sündige Wesen sind, und beschönigte in keiner Weise die Folgen unserer sündigen Veranlagung. Wir sind nun einmal so gemacht, sagte er, und so laßt uns denn zur «Kraft des anderen» Zuflucht nehmen und uns um Verblendung und Sünde nicht weiter kümmern. Dies war in gewisser Weise eine gefährliche Doktrin. Wenn sie kein Gegengewicht in Vernunft und Moral hat, kann sie sich leicht in Antinomismus verkehren.

Ippen Shōnin (1239–1289) war wie Kūya ein wandernder Mönch; überall in Japan war er unterwegs und sprach sein Nembutsu und forderte die Menschen auf, es ihm nachzutun. Er schulte sich auch im Zen, und so gewann sein Nembutsu einen ganz eigenen Charakter. Seine Sekte wurde nie so populär wie Shin oder Jōdo, denn er war ein rollender Stein, der kein Moos ansetzt. Kurz vor seinem Tod verbrannte er seine Schriften, und so haben wir heute nur noch eine kleine Sammlung seiner Briefe, Aussprüche und Gedichte.

Neben den schon erwähnten Gründen für die Entstehung der Nembutsu-Bewegung ist noch ein weiterer zu nennen: Es verbreitete sich der Gedanke, man befinde sich in der vom Buddha vorausgesagten Niedergangszeit des Buddhismus. Die Mönche würden anfangen, ihre Regeln und Gebote zu mißachten, die Menschen würden nicht mehr weise genug sein, der tiefgründigen Lehre des Buddha zu folgen, unter den Mönchen würden Streitigkeiten aller Art bis hin zu regelrechtem Krieg ausbrechen und so weiter. Die Periode vor Beginn der Kamakura-Zeit zeigte eben diese Entartungserscheinungen, und so gelangten einige Weise zu der Auffassung, es sei an der Zeit, den Buddhismus auf eine ganz neue Grundlage zu stellen, damit er sich den Erfordernissen der Zeit anpassen könne. Diese Neue Grundlage war die Nembutsu-Lehre.

Nichiren

Neben dem Nembutsu gab es noch eine weitere Strömung, deren Urheber Nichiren Shōnin (1222–1282) war. Im Unterschied zu vielen anderen großen Gestalten des Buddhismus entstammte er der Unterschicht, sein Vater war ein einfacher Fischer in dem abgelegenen Dorf Awa. Zeit seines Lebens zeigte er einen streitbaren, ja streitlustigen Charakter, und seine Anhängerschaft hat noch heute etwas Militantes, das sie in eine gewisse Distanz zu anderen Richtungen des Buddhismus stellt.

Nichirens Lehre gründet sich auf das *Pundarīka-Sūtra* und kann vielleicht als die praktische Anwendung der Tendai-Philosophie bezeichnet werden. Er glaubt an Shākyamuni-Buddha und an dessen ewiges Leben: noch heute lehrt er wie einst auf dem Berg der Heiligen Geier. Dieser ewige Buddha wird in uns offenbar, die wir in dieser Welt leben. Amidas Reines Land und das Lotos-Land Vairochanas, so sagt Nichiren, seien nicht von dieser Welt, doch sein Shākyamuni sei hier, und wir alle seien seine Offenbarungen. Dieser Offenbarung werden wir gewahr, wenn wir mit aller Entschlossenheit und aufrichtigen Herzens «Na-mu-myo-ho-ren-ge-kyo» rezitieren, denn das *Myōhōrengekyō* (*Pundarīka-Sūtra*) ist aus unserem religiösen Verlangen hervorgegangen. Die Nichiren-Schule hat demzufolge eine stark diesseitige Ausrichtung, und so ist es kein Wunder, daß sie auch patriotische Züge annahm.

Im Kamakura-Buddhismus kam, nachdem lange Zeit Ritualismus und Intellektualismus das Bild bestimmt hatten, das religiöse Bewußtsein selbst wieder zu Wort; es war wie ein Wiedererwachen der spirituellen Sehnsucht, die von den geschichtlichen Umständen verdeckt und verdrängt worden war. In der Endzeit des Nara-Buddhismus war eine Bewegung gegen die intellektuelle Kompliziertheit des damaligen Buddhismus entstanden, die in den Ritualismus des Shingon mündete. Zu einer echten Rückbesinnung auf die Ursprünge aber kam es erst durch die Einführung des Zen in die buddhistische Welt von Kamakura.

Über zwanzig Richtungen des Zen strömten von China her nach Japan ein. Im Zen geht es darum, alles äußere Beiwerk abzustreifen, das der Verstand um die Seele webt, und direkt das innerste Wesen unseres Seins zu schauen. Der Mensch ist nicht von unkomplizierter Wesensart wie andere Kreaturen, und unwesentliches Beiwerk sammelt sich bei ihm nur allzuleicht an; doch wenn es zu schwer wird, möchte er sich davon befreien – und manchmal sogar von sich selbst.

Die Kriegerklasse von Kamakura besaß eine große Vorliebe für das Einfache. Die verschnörkelte, verfeinerte und verweichlichte Lebensart des Adels war ihr gründlich zuwider. Das Zen entsprach den Bedürfnissen dieser Krieger haargenau. Wenn Shingon und Tendai auf den Adel und das Nembutsu auf den gemeinen Mann zugeschnitten waren, so paßte Zen dem Soldaten wie angegossen. Repräsentiert wurde es in dieser Zeit von Eisai (1140–1215) und Dōgen (1200–1253).

Alles, was der Buddhismus diesem Land im Laufe seiner Geschichte geben konnte, entfaltete sich in der Kamakura-Zeit (1192–1333), und was später kam, war mehr oder weniger ein Ergänzen und Ausarbeiten. Neue Schulen konnten sich danach nicht mehr bilden, solange sich keine weiteren Anstöße durch neue Ideen und Wertvorstellungen ergaben. Über sechs Jahrhunderte hin, bis zum Fall des Tokugawa-Shōgunats, verlief das Leben für den Buddhismus friedlich und ereignislos, und es gab nichts, was neue Entwicklungen begünstigt hätte. Die neuen Schulen der Kamakura-Zeit blühten, gingen dann aber immer mehr in die Breite: Unter der Schutzherrschaft der Mächtigen oder aufgrund von öffentlichen Zuwendungen konnten immer weitere Tempel erbaut werden, die Organisation wurde stärker, die Priesterhierarchie komplizierter, die traditionellen Autoritäten wurden immer autokratischer, Glaube und Frömmigkeit immer formeller, und ein verknöchertes Gelehrtentum erging sich in leblosen Spekulationen. Kurzum, der Buddhismus büßte seine Vitalität ein, weil aus seinem Umfeld keine Anregungen kamen.

Jäh wurde er jedoch aus seinem langen Dämmerschlaf gerissen, als gegen Ende des neunzehnten Jahrhunderts das Feudalsystem zusammenbrach. Der bis dahin gewaltsam niedergehaltene Shintoismus schüttelte alle öffentliche Bevormundung ab, und der Buddhismus sah sich einer Welle der Ablehnung, die man auch als milde Form der Verfolgung bezeichnen kann, ausgesetzt. Die schützenden Hände der örtlichen oder zentralen Macht wurden abgezogen, und damit entfielen auch alle Zuwendungen in Form von Grundbesitz oder Stiftungen. Und alle, die in den Tempeln und Klöstern ein gutes Leben gehabt hatten, fanden sich plötzlich auf der Straße wieder und hatten von ihren alten Privilegien nur noch den Traum.

In den Jahrzehnten nach dieser Zeit sind die Buddhisten

wirklich wach geworden und haben sich der Herausforderung gestellt – ansonsten hätten sie sich nur noch dem Schicksal des Aussterbens überlassen können. Überdies lebt inzwischen auch das Christentum mit seinen modernen Propagandamethoden und seiner Beschlagenheit im neuzeitlichen Denken seit einiger Zeit unter ihnen. Diese Anstöße zwingen den Buddhismus, sich stärker denn je den Ursprüngen zuzuwenden, die immer noch sein eigen sind.

Schlußbetrachtung

Welche Fehler und Torheiten der Buddhismus auch im Laufe seiner Geschichte in Japan begangen haben mag, er ist zweifelsohne eine große spirituelle Kraft, die den Japanern, als Nation und als einzelnen, Rückhalt und Anregung bot bei der Entwicklung einer Zivilisation. Ohne den Buddhismus hätte Japan kaum seinen gegenwärtigen Stand der Kultur und Aufgeklärtheit erreicht.

Wenn wir den Osten als eine Einheit auffassen – und es gibt ja wirklich etwas, das ihn in seiner Gesamtheit vom Westen unterscheidet –, so ist das einigende Prinzip und zugleich das Unterscheidungsmerkmal im Buddhismus zu suchen: Einzig und allein der Buddhismus käme als Gesichtspunkt in Frage, wenn wir den Osten, also Indien, China und Japan, als Einheit verstehen wollen. Jedes Volk oder Land paßt alles Denken seinen eigenen Lebensbedingungen und Bedürfnissen an, aber wenn wir den Osten als Einheit dem Westen gegenüberstellen, so ist der Buddhismus das Unterscheidungskriterium. Welche zentralen Ideen des Buddhismus sind es also, die ganz Asien ergriffen haben und schließlich offen oder auf verschwiegenen Pfaden auch die japanische Kultur prägten? Es sind die Lehren von der Immanenz des Buddha-Wesens, von der transzendenten Weisheit (*prajñā*), vom allumfassenden Erbarmen und die ewigen Bodhisattva-Gelübde.

Der japanische Buddhismus hat sich den Künsten, den Bräuchen, der Kultur, dem Denken, der Sicht der Welt und des Lebens bleibend aufgeprägt und wird in diesem Land auch weiterhin ein Quell der Inspiration bleiben. Wer der mechanischen Industrie, der ökonomischen Kämpfe, der naturwissenschaftlichen Wunder und all der Errungenschaften des Ich müde ist, möge eines der alten buddhistischen Klöster aufsuchen und vor einem der Bodhisattva-Bildnisse, sei es Kannon, Jizō oder Yakushi, eine Stunde lang in Versunkenheit sitzen – und ich bin sicher, daß seine ermattete Seele sich wieder bis an die Grenze des Chiliokosmos weiten wird und genug Lebenskraft erhält, um in der Welt des Endlichen wieder bestehen zu können.

DAS ZEN-LEBEN IN BILDERN

Das Mahāyāna ist vornehmlich die Religion des Bodhisattva, und das hingebende Leben des Bodhisattva (*bodhisattvacharyā*) ist das Ideal des Zen-Lebens. In Indien wurde dieses Ideal mit unerschöpflicher Phantasie ausgemalt und philosophisch zutiefst durchdrungen. Deshalb besitzen wir jetzt so großartige Mahāyāna-Sūtras wie das *Avatamsaka* (und darin das *Gandavyūha*), das *Prajñāpāramitā* und das *Saddharmapundarīka* und kennen große Bodhisattvas wie Mañjushrī, Samantabhadra, Maitreya oder Avalokiteshvara. Die spirituelle Einsicht, die alle Mysterien des Seins durchdringt, die Liebe, die in der Tiefe der Seele erweckt wird, der universale Erlösungsplan, der auch die allerniedrigste Kreatur einschließt, die unerschöpflichen Kraftquellen und «Mittel» (*upāya*), die der Ausführung dieses Plans dienen sollen – all das ist diesen übernatürlichen und überpersönlichen Gestalten zu eigen und bildet den Grundbestand des Mahāyāna-Bewußtseins.

Als die Religion des Bodhisattva nach China kam und von den dort lebenden Menschen aufgenommen wurde, entwickelte sie sich zu dem, was wir Zen-Buddhismus nennen. Sie legte ihr indisches Gewand ab, an die Stelle ihrer hochmetaphysischen Einsichten traten praktische Aussagen des täglichen Lebens, und die prunkvoll ausgestalteten Höhenflüge der Einbildungskraft wichen nüchternem Tagewerk wie Holzsammeln oder Bäume pflanzen. Doch das war beileibe keine Vulgarisierung. Im Gegenteil, wo der Geist des Zen sich regt, gewinnt alles, was er berührt, etwas Wunderbares. Vom Ölkrug T'ou-tzus* geht ein unbeschreibliches Leuchten aus; der Schöpflöffel in der Hand Hsüeh-fengs** ist unendlich viel mehr als ein Stück Holz; und die Sandalen auf Chao-chous Kopf*** gehören eigentlich ins Schatzhaus des Tempels. Nicht nur ist jede von Hsien-tzu verzehrte Garnele**** noch unter uns und in uns lebendig, auch die Schweine, die Chu-t'ou schlachtete*****, haben Buddhaschaft erlangt. To-

* T'ou-tzu Ta-t'ung (Tōsu Daidō, 819–914) war ein großer Zen-Meister, der gegen Ende der T'ang-Zeit lebte. In der Zeit, als er als Einsiedler in einer strohgedeckten Hütte auf dem Berg T'ou-tzu lebte, suchte Chao-chou (Jōshū) ihn einmal auf. Auf dem Weg zur Hütte begegnete ihm T'ou-tzu, und Chao-chou fragte ihn: «Seid Ihr nicht der Meister vom T'ou-tzu-Berg?» T'ou-tzu sagte: «Gebt mir doch bitte einen Pfennig für Tee und Salz.» Chao-chou erreichte die Hütte, bevor T'ou-tzu von seinem Gang zurück war, trat still ein und wartete. Als er T'ou-tzu dann mit der Ölkanne kommen sah, fragte er: «Ich habe so viel von T'ou-tzu gehört, und jetzt sehe ich nur einen alten Ölhändler.» T'ou-tzu sagte: «Ihr seht eben einen Ölhändler und keinen T'ou-tzu.» Chao-chou fragte: «Wo ist T'ou-tzu?» T'ou-tzu sagte: «Öl, Öl.» (*Ch'uan-teng-lu*, XV.)

** Hsüeh-feng I-ts'un (Seppō Gison 822–908) soll auf seiner Zen-Wanderschaft stets eine Kelle bei sich getragen haben. Er wollte in jedem Kloster, das er aufsuchte, als Koch dienen. Das Kochen ist in der Klostergemeinschaft eine der wichtigsten, aber auch eine der mühseligsten Aufgaben. Hsüeh-feng nahm bewußt diese Arbeit auf sich, die von anderen eher gemieden wird.

*** Siehe *Zazen*, S. 89 f.

**** Vgl. S. 117.

***** Bevor Chu-t'ou zum Buddhismus fand, verdiente er seinen Lebensunterhalt als Metzger. Eines Tages, als er eben ein Schwein abstechen wollte, klang etwas an am Grund seiner Seele, und er rief: «Gestern das Herz eines Yaksha, heute morgen das Gesicht eines Bodhisattva; zwischen dem Bodhisattva und dem Yaksha ist kein Unterschied von Haaresbreite!» Er suchte Meister Tao von Wen-shu auf, und dieser fragte ihn: «Was hast du gesehen, daß du dir den Kopf geschoren und die Zen-Pilgerschaft angetreten hast, als du gerade ein Schwein schlachten wolltest?» Chu-t'ou stand wortlos auf und machte die Bewegung des Messerschärfens. (*Hsü Chuan-teng Lu*, XXXI.)

sui* soll mit Genuß aus der Bettelschale gegessen haben, während sein Schüler nur mit großer Überwindung etwas herunterbekam. Der Meister sagte: «Dein Geist ist immer noch verstopft mit Ideen von lecker und verdorben. Daher jetzt dies Gewürge.» In diesem besonderen Fall dürfte es fraglich sein, ob wir dem Beispiel sehr weit folgen können; einzuräumen bleibt jedenfalls, daß Tosuis Shūnyatā-Sicht von höchst praktischer Art war. Kurzum: Wo auch immer echtes Zen-Leben ist, da findet eine Umwertung von allem statt und man lebt in einem Bereich, zu dem die Sinne und die von ihnen abhängige Logik keinen Zugang haben.

Daß es für die Zen-Adepten auch unter ganz normalen Alltagsumständen diesen anderen Bereich gibt, zeigt sich an ihrem allen Gepflogenheiten spottenden, bizarren Verhalten, das weder vorherzusehen noch mit dem Verstand zu durchschauen ist. Was sie tun, geschieht meist überraschend, und es liegt etwas Erfrischendes und Anregendes darin. Wenn wir die Lebensbeschreibungen der Zen-Meister lesen oder die Tuschbilder sehen, auf denen Szenen ihres Lebens dargestellt sind, geht uns plötzlich auf, was für eine Eisenkette moralischer und intellektueller Konventionen wir ständig mit uns herumschleppen. Diese Kette ist nicht immer aus Eisen; sie kann auch aus feinstem Material, etwa Lotosfasern sein, nur eine Idee, die im dunkelsten Winkel des Bewußtseins schlummert – und doch, wie stark, wie schwer sie ist! Arme und Beine sind uns gebunden. Und gerade wenn wir uns ganz besonders frei fühlen, sind wir nicht in der Lage, die Lotosfaser des Ichbewußtseins abzustreifen. Das Reich des tanzenden Pu-tei, des auf einem Schilfblatt das Meer überquerenden Bodhidharma oder jener beiden verrückten Poeten, Han-shan und Shih-te, mit Besen und Schreibpinsel – es scheint so unerreichbar zu sein für gewöhnliche Sterbliche. Und doch, wie unwiderstehlich lockt es uns!

* Tosui starb im Jahr 1683. Er stand einem wohlhabenden Tempel in Kyūshū vor, doch eines Tages nach einer großen Feier verschwand er und wurde ein wandernder Bettelmönch.

Diese innere Welt wird häufig ganz unpersönlich dargestellt. Die Person spielt keine Rolle, und es wird der Natur überlassen, ihre eigenen Bilder zu malen. Sie hat ihre Stimmungen, und für diese stehen Felsen, Berge, Flüsse, Baumstämme, Vögel, Menschen und Kräuter. Unter denen waltet ihr Geist. So fängt der Zen-Künstler sie ein, und das ist möglich, wenn er sich in der Natur verliert, vielmehr wenn er willfähriges Instrument in ihren Händen wird. Landschaftsbilder dieser Art haben mit den sogenannten Realitäten nichts zu tun, und so bedürfen sie auch nicht der Farbe oder Perspektive. Wir gewahren aber einen bestimmten Geist, der über den Bergen und Gewässern und allem anderen schwebt. Im Abendland gibt es das Wort von der «Unterwerfung der Natur», doch das ist für uns im Osten etwas ganz Fremdes, denn für uns ist die Natur ein Freund und kein Feind. Wenn wir sie nicht verstehen, ist das unsere eigene Schuld und nicht ihre. Auch wo sie bedrohlich dreinschaut, ist sie uns nie übel gesonnen in der Weise, wie es unter Menschen üblich ist. Der Künstler jedenfalls erkennt die Natur dann am klarsten, wenn er im Zustand des Nicht-Bewußtseins (jap. *mushin*, chin. *wuhsin*, Skrt. *achitta*) ist.

Schließlich fällt uns auch auf, daß die Äußerungen der Zen-Meister sich so häufig auf die Natur beziehen. Doch die Meister sind nicht einfach Naturliebhaber oder von dem «Gott» in sich berauscht. Sie sind «Sozialarbeiter», die der Gesellschaft auf ihre ganz eigene Art dienen.

Wenn Bodhisattvas sich im Bereich des Sambhogakāya («Körper des Entzückens») befinden, werden sie in voller Zeremonialausstattung und in der formellen Haltung dargestellt. In den Shingon-Mandalas sind alle Buddhas und Bodhisattvas so dargestellt, und das gilt bis zu einem gewissen Grade auch für die Gemälde der Reines-Land-Schule. Wird das Bodhisattva-Ideal ein wenig dem Erdenleben der Menschen angenähert, wird er also in seinem Nirmānakāya («Körper der Verwandlung») gesehen, den Lebewesen dienend, so mildert sich seine steife und unnahbare transzendente Haltung allmählich, sie erfährt eine «Säkularisierung». Die Haltung des Bodhisattva wird ein wenig gelöster, und er erscheint in einem schlichten weiten Gewand, das allen schmückenden Beiwerks beraubt ist. Jetzt wird er uns vertrauter. Er ist keiner von denen, die man als Anbetungsobjekt in einen Schrein sperrt, sondern lebt unter uns als einer von uns.

Treibt man diese Verwandlung noch einen Schritt weiter, so wird der Bodhisattva leibhaftig unser Nachbar. Er – oder auch sie – geht zum Einkaufen auf den Markt, hackt Holz, schreibt Sūtras ab, arbeitet in der Fabrik oder im Büro, und in der alten Zeit konnte sie sogar Kurtisane sein.

Das bedeutet, anders ausgedrückt, daß das Buddha-Wesen (*buddhatā*) in jedem von uns ist, in jedem Lebewesen. Erst wenn wir das sehen, erkennen wir den Bodhisattva in einer seiner Verwandlungsformen. Wenn ein Mañjushrī (Monju) oder Samantabhadra (Fugen) oder Avalokiteshvara (Kannon) auf diesem Weg auf unsere Ebene gelangt, begegnen wir ihm täglich und in allem. Die unbedeutendste oder gar niederträchtigste Handlung ist dann das Vikurvita (Verwandlungsfähigkeit), das Lalita (freie Spiel) des Bodhisattva, und all die in den Sūtras so eindrucksvoll geschilderten Wundertaten indischer Mahayanisten sind dann auch die Taten von Hui-neng und Hung-jen, von Han-shan und Shih-te, ja von Hans und Franz. Um dessen gewahr zu werden, um zu sehen, wie es geschieht, müssen wir unser Prajñā-Auge öffnen.

Nach diesen wenigen Worten der Einführung, nach allem, was in den anderen Essays dieses Buchs und in den vorangegangenen Büchern dieser Reihe gesagt wurde, kann der Leser nun wohl den Gehalt von Kunstwerken, die unter dem Einfluß des Zen entstanden, erfassen und für sich selbst herausfinden, worin in diesem Zeitalter der Naturwissenschaft, der Maschinen und der Selbstverherrlichung die Botschaft des Zen besteht.

Die folgenden «Dialoge» (*mondō*) mögen noch einmal die praktische Ausrichtung des chinesischen Bewußtseins bei der Demonstration der Zen-Wahrheit verdeutlichen und dem Leser einen Schlüssel zum Schatzhaus des Zen-Lebens geben:

Der ehrwürdige Hsin-hsing Yen-yang wurde von einem Mönch gefragt:

«Was ist der Buddha?»

«Ein Tonklumpen.»

«Was ist der Dharma?»

«Die Erde bewegt sich.»

«Was ist der Sangha?»

«Einer, der Mehlsuppe und Reis ißt.»*

Als der Meister gefragt wurde, was es bedeute, daß der Buddha sich je nach den Umständen manifestiert, sagte er: «Mönch, reich mir mal den Schemel her.»

Ein Mönch bat Meister Yang-chou Hui-chiao flehentlich: «Ich komme aus einer weit entfernten Gegend, um Eure Belehrung zu erhalten. Bitte, Meister, sagt mir die Wahrheit des Zen, wie Ihr sie auffaßt.»

Der Meister sagte: «Die Regeln des Gemeinwesens sind so streng, und es bleibt kein Raum für private Abmachungen.»

«Es muß aber doch irgendein Mittel geben, Meister!»

«Bleib für die Nacht und wärm dich an der Feuerstelle.»**

Feng-kan (Bukan), der Meister vom Kuo-ch'ing-Kloster, wurde von einem Mönch gefragt: «Was sind die kennzeichnenden Züge Eures Hauses [d. h. Eurer Schule oder Eurer Lehre]?»

«Tisch, Servierbrett, Stuhl, Feuerstelle, Fenster.»

«Was ist der Mönchsstand?»

* *Ch'uan-teng-lu*, XI.

** Ebenda.

«Am Morgen ‹Guten Morgen›, am Abend ‹Gute Nacht›.»

«Was ist die Lehre des Buddhismus?»

«Shākya ist ein stierköpfiger Kerkermeister, und die Patriarchen sind pferdegesichtige Jungfern.»*

Als Yün-yen (Ungan) den Boden fegte, sagte Tao-wu (Dōgo): «Harte Arbeit, nicht wahr?»

Yün-yen sagte: «Ihr solltet wissen, daß da etwas ist, was nicht hart ist.»

Tao-wu sagte: «Wenn das so ist, gibt es denn einen zweiten Mond?»

Yün-yen zeigte seinen Besen vor und sagte: «Mond Nummer wieviel ist das?»

Tao-wu schwieg.**

Ein andermal war Yün-yen mit dem Anfertigen von Strohsandalen beschäftigt, als Tung-shan (Tōzan) kam und ihn fragte: «Ich möchte durch Eure gütige Belehrung ein Auge bekommen; ob ich wohl eins haben kann?»

Der Meister sagte: «Wem hast du deins denn gegeben?»

Tung-shan sagte: «Ich hatte noch keins, Meister.»

Der Meister sagte: «Wenn du eins hast, wo wirst du es hinsetzen?»

Tung-shan schwieg.

Der Meister sagte: «Der um ein Auge bittet – ist er das Auge?»

Tung-shan sagte: «Das ist kein Auge.»

Der Meister stieß einen lauten Schrei aus.

* Ebenda.

** Ebenda, XIV.

SACH- UND PERSONENREGISTER

In diesem Gesamtregister für die sechsbändige Ausgabe der «Essays in Zen Buddhism» steht die römische Ziffer jeweils für den folgenden Band:

I SATORI – Der Zen-Weg zur Befreiung
II ZAZEN – Die Übung des Zen
III KOAN – Der Sprung ins Grenzenlose
IV KARUNA – Zen und der Weg der tätigen Liebe
V PRAJNA – Zen und die Höchste Weisheit
VI SHUNYATA – Die Fülle in der Leere

Daisetz T. Suzuki
Seine Hauptwerke in Einzelausgaben

Die Titel dieser Edition sind:

LEBEN AUS ZEN
Eine Einführung in den Zen-Buddhismus

SATORI – DER ZEN-WEG ZUR BEFREIUNG
Die Erleuchtungserfahrung im Buddhismus und im Zen

ZAZEN – DIE ÜBUNG DES ZEN
Grundlagen und Methoden der Meditationspraxis im Zen

KOAN – DER SPRUNG INS GRENZENLOSE
Das Koan als Mittel der meditativen Schulung im Zen

KARUNA – ZEN UND DER WEG
DER TÄTIGEN LIEBE
Der Bodhisattva-Pfad im Buddhismus und im Zen

PRAJNA – ZEN UND DIE HÖCHSTE WEISHEIT
Die Verwirklichung der «transzendenten Weisheit»
im Buddhismus und im Zen

SHUNYATA – DIE FÜLLE IN DER LEERE
Essays über den Geist des Zen in Kunst,
Kultur und Religion des fernen Ostens

MUSHIN – DIE ZEN-LEHRE VOM
NICHT-BEWUSSTSEIN
Das Wesen des Zen nach den Worten des Sechsten Patriarchen